中学受験国語

選択肢問題の徹底攻略

改訂版

若杉朋哉　著

はじめに

こんにちは。著者の若杉朋哉です。

「国語は本文が正しく読めれば解けるから楽だ」などと言われることがあります。

もちろん、中学受験の国語はそれほど単純なものではありません。「正しく読む」こと自体、突きつめていけば、それはそれで結構難しいことです。しかしながら、算数などと比べればそう言いたくなるのもわからないではありません。なぜなら一般的に、国語には算数のように、「複雑な計算や難解な問題を繰り返し練習しなければ合格点を取れない」といったイメージがなく、およそ「練習を積む」という教科ではないように思われがちだからです。つまり、国語には練習が必要ないという考えから、楽な感じがするのでしょう。事実、受験教科としての国語は、さほど勉強されていないように思います。

そんな国語という教科の中でも、特に「選択肢問題」に至っては、その解き方を勉強するとか練習するといったことは、まったくといっていいほどなされていないのではないでしょうか。いや、そもそも選択肢問題に「解き方」などが存在するのか、そんなことすら考えたことのない中学受験生が大勢いるように思います。

なぜそんなことが言えるのかといえば、それは他でもない、私自身がそうだったからです。選択肢問題に「解き方」などというものがあると知ったのはずっと後のこと、私の場合は大学受験のときでした。ですから中学受験生であるみなさんが「解き方」を知らないのも無理はありません。

しかし、これは少し考えてみると、大変奇妙なことであることがわかります。中学入試の国語の問題で、「選択肢問題」が出題されないということがあるでしょうか。ほとんどありませんね。大部分の中学入試で「選択肢問題」が出題されます。問題の半数以上が「選択肢問題」という学校も多いです。ですからみなさんは、ほぼ確実に、入試問題で「選択肢問題」を解くわけですね。にもかかわらず、「選択肢問題」の解き方を知らないというのは、ちょっと変なことではありませんか。

算数の問題で考えてみてください。入試問題の半分以上に関わる算数の問題の解き方を知らない……そんなことはありえませんね。それどころか、みなさんは、入試に一問出るか出ないかわからないような算数の問題ですら、日々、一生懸命に練習しているわけです。これを考えてみれば、ほぼ確実に、しかも何問も出るとわかっている「選択肢問題」の解き方を知らないということが、いかに不思議なことであるかがわかると思います。

ですから、私が本書でまず伝えたいと思うことは、「選択肢問題の解き方」です。

ただ、こんなふうに言うと、みなさんの中には、

「…でも、別に解き方なんて知らなくても、選択肢問題解けてるけど…」

なんて思う人もいると思います。もちろん、選択肢問題にまったく困っていないという人は、本書を無理に読まなくても、いままで通りのやり方でやればいいと思います。まったく困っていないことを無理にやる必要はありません。

でも、次のような中学受験生には、ぜひ読んでいただきたい。

① **選択肢問題で間違えが多くて困っている。**
② **選択肢問題がもっとできるようになりたい。**

右のような受験生たちのために私は本書を書きました。なぜなら、かつて選択肢問題で悩んでいた私が、選択肢問題にも「解き方」があることを知って感激し、実際に「助かった」という経験をしたからです。**ですから本書は、「かつての自分だったらこんな方法を知りたかった！」という本にしたいという想いで書きました。**そんな本であれば、きっとみなさんにとっても有益な本になると思ったからです。

さて、これからお話ししようとする「選択肢問題」についてですが、その前にぜひ知っておいてほしいことがあります。それは何かといえば、「本文を正しく読めること」と「正しい選択肢を選べること」は、別の次元の話だということです。

受験国語の選択肢問題について、私には長らくこんな疑問がありました。それは――、

「選択肢問題は、本文を正しく読めれば正解できるのだろうか？」

というものです。なぜなら、私には、

「選択肢問題は、本文を正しく読めたからといって正解できるとは限らない」

という感じが強くあったからです。

もちろん、本文を正しく読めることは読解問題において大切です。本文を正しく読めなければ、選択肢問題を含め、あらゆる読解問題を正しく解くことは難しいでしょう。しかし、私が感じていた問題はそこではありません。私の疑問をより明確に言うならば、

「本文を正しく読めているにもかかわらず、選択肢問題を正解できないことがあるのではないか」というものです。

これは実際に多くの受験生を指導してきた実感です。

本文を正しく読めていないから、選択肢問題が解けない。――これはある意味で当然ではあります。そして選択肢問題の大半はこのレベルでの間違いでしょう。ですからこういう間違いの多い受験生は、まず本文を正しく読む練習が必要です。

しかし一方で、本文をそれなりに正しく読めているにもかかわらず選択肢問題を間違えてしまうケースも少なくないのですね。

考えてみれば、受験生にとってこれほど恐ろしいことはないのではないでしょうか。

いったい、どうすればよいのでしょう。

なぜなら、・わ・か・っ・て・い・る・のに解けないのですから。

選択肢問題を間違えた場合、多くの受験生は、塾や学校の先生、あるいは親にこう言われるでしょう。

「本文をしっかり読んでいないからダメなんだ!」

「筆者の言いたいことがわかっていない!」

「もっと丁寧に読みなさい!」

しかしこうした指摘は、「本文が正しく読めているにもかかわらず選択肢問題で間違えてしまう受験生」にとって、有益なアドバイスになりえるのでしょうか。なりえませんよね。そんなことは、本人にもよくわかっているのです。わかっているのに間違えるから悩んでいるのです。

私が本書で解消したいことは、まさにこの「本文がわかっているのに間違える」という選択肢問題をどうやって攻略するか、ということです。 そしてその技術を伝えたいと思います。「技術」ですから、その通りにやれば誰でも使えるようになります。

とはいえ、これからみなさんにお伝えしようとすることは、私が初めて考案した「オリジナルの解き方」でも何でもありません。私がかつて教わり、また昔から受験国語では広く知れ渡っている方法と言ってもいいものでしょう。その中のいくつかは、みなさんもどこかで聞いたことがあるかもしれません。でも案外、中学受験国語の参考書では、それらを詳しくまとめ、わかりやすく伝えているものがないように思います。ですから私は、それらに自分の経験を交えて、自分の言葉で、なるべくわかりやすく伝えられたらという思いからこの本を書きました。本書が選択肢問題に悩む受験生のお役に立つことができれば幸いです。

二〇二一年春

著　者

本書の効果的な使い方

まずは〈第一章〉〈第二章〉を熟読し、選択肢問題の解き方を理解してください。

次に〈第三章〉を解きます。できれば一回目は本書のコピーを取り、そこに書き込みをしながら解くのがよいでしょう。ここで大切なことは、正解不正解にかかわらず、自分が解答として選んだ選択肢について、「なぜその選択肢を選んだのか」を明確にしながら解くことです。コピーしたものに、本書で学んだやり方にしたがって○×△などの印をつけながら、「なぜその選択肢を選んだのか」がわかるように解きましょう。

そしてそれをもとに、解答解説と照らし合わせながら、自分の考えが正しかったのか、あるいは違っていればどこがどう違っていたのかを確認し、学んでください。解答解説は、正解の選択肢を選ぶまでのプロセスをできるだけ詳しく書くように努めました。正解しているかどうかが大切なのではなく、自分の選び方が正しいかどうかに注目し、それを改善するという意識で取り組むことが大切です。

目次

はじめに‥‥‥‥‥‥‥‥‥‥‥‥‥‥‥‥‥‥‥‥‥‥‥‥‥‥‥ 2

本書の効果的な使い方‥‥‥‥‥‥‥‥‥‥‥‥‥‥‥‥‥ 6

第一章　選択肢問題の解き方の技術

1　本文主義‥‥‥‥‥‥‥‥‥‥‥‥‥‥‥‥‥‥‥‥‥ 10

2　傍線部のルール‥‥‥‥‥‥‥‥‥‥‥‥‥‥‥‥‥‥ 11

3　予想解答と積極法‥‥‥‥‥‥‥‥‥‥‥‥‥‥‥‥‥ 21

4　消去法‥‥‥‥‥‥‥‥‥‥‥‥‥‥‥‥‥‥‥‥‥‥ 27

第二章　選択肢問題の四つのパターン

1　内容説明問題‥‥‥‥‥‥‥‥‥‥‥‥‥‥‥‥‥‥‥ 37

2　理由問題‥‥‥‥‥‥‥‥‥‥‥‥‥‥‥‥‥‥‥‥‥ 41

3　気持ち問題‥‥‥‥‥‥‥‥‥‥‥‥‥‥‥‥‥‥‥‥ 48

4　内容正誤問題‥‥‥‥‥‥‥‥‥‥‥‥‥‥‥‥‥‥‥ 55

5　選択肢問題の解き方の手順‥‥‥‥‥‥‥‥‥‥‥‥‥ 59

第三章　選択肢問題・演習編

【練習問題1】　女子学院中（二〇二〇年・改）……………… 62

【練習問題2】　東邦大東邦中（二〇一九年・改）…………… 76

【練習問題3】　早大学院中（二〇一九年・改）……………… 100

【練習問題4】　海城中（二〇一七年・改）…………………… 118

【練習問題5】　豊島岡女子学園中（二〇二〇年・改）……… 152

第一章

選択肢問題の解き方の技術

1 本文主義 （答えの手がかりは本文にあり）

「次のア〜エの中から最も適切なものを選びなさい」といった、いくつかの選択肢の中から解答を選ぶ問題は、一般的に「選択肢問題」と呼ばれていますが、国語の読解問題には、「選択肢問題」以外にも「抜き出し問題」、「記述問題」など、さまざまな問題形式があります。しかし、どのような問題形式であっても、問われていることはたった一つ、

「本文にどう書いてあるか読み取れますか」

ということなのです。

ですから読解問題を解くときに、自分（解答者）が本文を読んでどう思ったかという、自分の考えや感想を解答に交えてはいけないのですね。自分勝手な思い込みは間違いのもとになります。あくまで、「本文にどう書いてあるか」を正しく読み取り、それをもとに解答しなければなりません。そしてこの「本文にどう書いてあるか」をもとに読み解いていくことを、私は**本文主義**と呼んでいます。国語の読解問題では、「本文にどう書いてあるか」が正答の唯一の基準です。本文に書いてあれば正しい、書いてなければ正しくない。そう考えてください。「選択肢問題」で正しい選択肢を選ぶときにも、この「本文主義」をいつも心がけてください。

2 傍線部のルール

国語の読解問題の大部分は、傍線部（──線部）について問われるものです。ですから、読解問題に正しく解答するために、まずは傍線部を正確に読み取れなければなりません。また、傍線部には答えのヒントが多く隠されています。選択肢問題を解くことも、傍線部を正しく理解することから始まります。

では、どうすれば傍線部を正しく理解できるのでしょう？ここでは〈傍線部のルール〉として五つ見ていきます。

〈 傍線部のルール❶　傍線部を含む一文は丁寧に読む 〉

【例題1】　完璧な人間などいません。一方で、何をやってもダメだという人間もいません。確かに、玉手箱を開けてしまった浦島太郎には意志の弱いところもありますが、亀を助けるなどの心優しい面もある。私たちが何となく浦島太郎に親しみを覚えるのは、浦島太郎のそんなところにあるのではないでしょうか。

【問】　傍線部「そんなところ」はどんなところか。35字程度で答えなさい。

【例題1／解説】「そんなところ」という指示語をわかりやすく説明する問題ですが、傍線部の「そんなところ」自体をいくら眺めていても、答えにはたどり着けません。こういうときには、**傍線部のルール❶　傍線部を含む一文は丁寧に読む**ことが大事です。では、傍線部を含む一文を抜き出して、丁寧に読んでみましょう。

私たちが何となく浦島太郎に親しみを覚えるのは、浦島太郎のそんなところにあるのではないでしょうか。

なるほど。この一文を読んでみると、「そんなところ」というのは、「私たちが浦島太郎に親しみを覚えるところ」だということがわかりますね。**答えのおおよその見当がつくわけです。**こんなふうに、まずは傍線部を含む一文から解答を見つけるためのヒントを得ることが大切です。

例外はありますが、指示語というのは普通、その指示語のすぐ前にある言葉や内容を指しています。だとすると、「私たちが浦島太郎に親しみを覚えるところ」とはどんなところなのかを、傍線部よりも前から探していけばいいのだとわかりますね。それは次の部分でしょう。

完璧（かんぺき）な人間などいません。一方で、何をやってもダメだという人間もいません。確かに、玉手箱を開けてしまった浦島太郎には意志の弱いところもありますが、亀を助けるなどの心優しい面もある。

解答は35字程度とあるので、右の部分をうまくまとめると、次のようになります。

【例題1／解答例】 完璧でも完全にダメな人間でもなく、心の弱さも優しさも両方持っているところ。（37字）

〈　傍線部のルール❷　傍線部はいくつかの部分に分けて考える　〉

傍線部が長い場合には、傍線部自体が何を言っているのかがよくわからないことがありますね。そんなときには、傍線部をいくつかの部分に分けて考えてみるとその意味をつかみやすくなります。このルールは特に、後で説明する《内容説明問題》の、傍線部を言いかえる問題を解く際に必ずマスターしなければならない考え方でもあります。例題を見てみましょう。

【例題2】 花咲かじいさんでもこぶとりじいさんでも、腹黒いとなりのじいさんは、欲の皮が突っ張っているためにひどい目にあうが、結局は自業自得なのだ。

【問】 傍線部はどういうことか。　分けて考えなさい。

【例題2／解説】 傍線部がある程度長い場合には、分ける部分にスラッシュ（／）を入れ、傍線部をいくつかの部分に分けて考えることでその意味をとらえやすくなります。ただし、傍線部をいくつかの部分に分けるとき、助詞などをどちらに入れるべきかといった細かいことは、あまり気にしなくても構いません。また、あまり細かく分けすぎるとかえってわかりづらくなることもあります。傍線部を分けるのは、あくまで傍線部を理解するための一つの方法ですから、ざっくりと、自分が理解しやすい程度に分けるという感覚でやってください。たとえば、次の解答くらいに分けて考えてみましょう。

腹黒いとなりのじいさんは、／欲の皮が突っ張っているために、／ひどい目にあうが、／結局は自業自得なのだ。

そして、それぞれの部分について次のように考えることで、傍線部が何を言っているのかを理解していきます。

↓ （1）「腹黒いとなりのじいさんとは」とはどんなじいさんだろう？

↓ （2）「欲の皮が突っ張る」とはどんな意味？

↓ （3）「自業自得」をもっとわかりやすく言うと？

ちなみに、

「腹黒い」＝心にひそかに悪い考えを持っているさま

「欲の皮が突っ張る」＝とても欲深いさま

「自業自得」＝自分のした悪いことの報いを自分自身が受けること

という意味なので、傍線部をわかりやすい言葉で言いかえると次のようになります。

心にひそかに悪い考えを持っているとなりのじいさんは、／とても欲深いために／ひどい目にあうが、／結局は自分のした悪いことの報いを自分自身で受けているのだ。

選択肢を選ぶ際には、これに最も近い選択肢を選べばよいということになるわけです。

〈　傍線部のルール❸　傍線部内の指示語・比喩・わかりにくい表現は具体化して言いかえる　〉

　傍線部の内容を正しく理解するためには、傍線部内の指示語・比喩・わかりにくい表現を、わかりやすい言葉で具体的に言いかえて読むことが有効です。これも後で説明する《内容説明問題》の、傍線部を言いかえる問題を解く際に必ずマスターしなければならないルールです。次の例題を見てください。

- -

【例題3】　大切に育てたかぐや姫が月に帰ってしまったあと、おじいさんとおばあさんはいつまでも月を眺めていました。すると、かぐや姫の思い出がまざまざとよみがえってきます。<u>その悲しさといったら、ありませんでした。</u>

【問】　傍線部はどういうことか。　説明しなさい。

- -

【例題3／解説】　まず、　傍線部のルール❷　傍線部はいくつかの部分に分けて考える　で傍線部を分けてみると、次のようになります。

（1）　その悲しさといったら、／（2）ありませんでした。

（1）について。　傍線部を説明するには、指示語「その悲しさ」が何を指すのかがわからなければいけませんね。

ここで　傍線部のルール❸　傍線部内の指示語・比喩・わかりにくい表現は具体化して言いかえる　により、「その悲しさ」

を本文中の言葉を使って言いかえてみましょう。

すると、傍線部の直前に「かぐや姫の思い出がまざまざとよみがえってきます」とあるのが見つかります。これをもとにすると、「その悲しさ」とは、「かぐや姫の思い出がはっきりとよみがえってくる悲しさ」と言いかえることができそうですね。ちなみに、「まざまざ」とは「はっきりと」という意味です。

次に（２）の「ありませんでした」ですが、これもこのままではわかりにくい。**（傍線部のルール❸ 傍線部内の指示語・比喩・わかりにくい表現は具体化して言いかえる）** これは「またとない機会」などで用いられる「ない」の用法。「他に類がない」「この上ない」といった意味ですね。今回の場合、「他に類がないほど悲しい」「この上なく悲しい」ということを言っているとわかります。したがって、これらから解答を作ればいいでしょう。

【例題３／解答例】 かぐや姫の思い出がはっきりとよみがえってきて、この上なく悲しかったということ。

〈　傍線部のルール❹　傍線部内の言葉と同じ言葉・似た言葉に注目する　〉

これも傍線部の内容を理解するためのもう一つの大切なルールです。特に、傍線部内の言葉を別の言葉で言いかえようとするとき、その言いかえる別の言葉を探すのに役立ちます。次の例題の中で確かめてみましょう。

【例題4】童話「ウサギとカメ」の話では、自分の足の速さを過信したウサギが、油断をしてカメに負けてしまう。一方、足は遅いが、地道に努力を重ねることでカメはウサギに勝利した。　ウサギになるかカメになるかは君しだいだね。

【問】　傍線部はどういうことか。説明しなさい。

【例題4／解説】

傍線部のルール❷　傍線部はいくつかの部分に分けて考える　により、傍線部を詳しく見ていきましょう。

（1）ウサギになるか／（2）カメになるか

傍線部のルール❹　傍線部内の言葉と同じ言葉・似た言葉に注目する　により、傍線部を本文中の他の部分から探すと、「自分の足の速さを過信したウサギが、油断をし

まずは（1）「ウサギになるか」について。

傍線部のルール❹　傍線部内の言葉と同じ言葉・似た言葉に注目する　により、**「ウサギ」という言葉を本文中の他の部分から探す**と、「自分の足の速さを過信した**ウサギ**が、油断をしてカメに負けてしまう」という説明が見つかりますね。すると、次のように言えそうです。

17

ウサギになる＝自分の能力を過信し、油断して負ける

次に（2）「カメになるか」について。これも傍線部のルール❹ **傍線部内の言葉と同じ言葉・似た言葉に注目する**により、**「カメ」という言葉を本文中の他の部分から探す**と、「足は遅いが、地道に努力を重ねることで**カメ**はウサギに勝利した」という部分が見つかります。すると、こちらは次のように言えそうですね。

カメになる＝能力は低いが、地道に努力を重ねることで勝利する

このように、**傍線部内の言葉と同じ言葉・似た言葉を本文の他の部分に探すことによって、傍線部内の言葉を理解するヒントを得ることができる**というわけです。ここまでのことから解答をまとめると次のようになります。

自分の能力を過信し、油断して負けるか、能力は低くても地道に努力を重ねることで勝利するか、ということ。

〈 傍線部のルール❺　傍線部内に省略された主語・述語・目的語を補う 〉

傍線部の内容を理解する上でもう一つ有効なのが、傍線部に省略された主語・述語・目的語を補うことです。

早速、例題で考えてみましょう。

【例題5】　ずるがしこい猿にだまされ、仕舞いには硬い青柿をぶつけられて死んでしまった蟹のお腹から、子蟹たちがぞろぞろと産まれてきた。子蟹たちはみんな、親蟹を殺した悪い猿に怒っていた。そのうちの一匹の子蟹が言う。

「このまま黙っていてもいいのか！　親のあだ討ちをせずともいいのか！」

すると、子蟹たちはいっせいに叫ぶのだった。「いいや、<u>よくない！</u>」

【問】　傍線部はどういうことか。　説明しなさい。

【例題5／解説】　何が「よくない」のでしょうか。傍線部には主語がないので、<mark>傍線部のルール❺　傍線部内に省略された主語・述語・目的語を補う</mark> により、主語を補ってみましょう。これはすぐ前に、

「このまま黙っていてもいいのか！　親のあだ討ちをせずともいいのか！」

とあります。ここでの「黙って」というのは「あだ討ちをしないこと」ですから、補うべき主語は「このまま親のあだ討ちをしないでいること」だとわかりますね。よって、傍線部は次のようになります。

[主語（〜は、〜が）]
このまま親のあだ討ちをしないでいることは／よくない

ただ、「このまま」とはどういうことでしょうか。

傍線部のルール ❸ 傍線部内の指示語・比喩・わかりにくい表現は具体化して言いかえる により、指示語を含む「このまま」を言いかえます。これは「猿に親を殺されたまま」という意味ですね。よって傍線部はさらに次のように言いかえられるでしょう。

猿に親を殺されたまま、親のあだ討ちをしないでいることは／よくない

どうですか？ 主語を補うことによって、文章の意味がわかりやすくなりましたね。「親の」が繰り返しになっているのでそこを整えると、最終的に解答は次のようになります。

【例題5／解答例】　猿に親を殺されたまま、そのあだ討ちをしないでいることはよくないということ。

3 予想解答と積極法

選択肢問題が苦手だという受験生はたいていこんなことを言います。

「最後の二つまではしぼれたけど、そこから先がわからない！」

「最後の二つで迷って間違えるんです…」

…心当たりはありませんか？

そう。選択肢問題は「最後の二つ」で間違えるんですね。よくわかります。ですから、

「注意が足りないんじゃないの？」

「本文をよく読みなさい！」

なんて誰かにアドバイスをしてもらっても、実はあまり役に立たないのです。なぜなら、選択肢問題の「最後の二つ」で間違える人は、きっと次のように思っているからです。

「そんなことわかってるよ！　知りたいのは、『最後の二つ』をどうやって見分けるかなんだよ！」

そうですよね？

正しい選択肢を選ぶ技術

「最後の二つ」を解決しない限り、いつまで経っても選択肢問題が得意にはならないわけです。

そこでこれから、「最後の二つ」を正しく選ぶ方法を話します。ちょっとカッコいい言葉で言えば、です。

・・・・・・・・・・・・・・・・・・・・・・・・・・・・・・・・・・・・・・

「いいえ」の人は……次のところを読んでからでいいので、また復習しましょうね。

「はい！」と答えられる人は次のところを読んでください。

「本文主義」「傍線部のルール」はしっかりと頭に入っていますか。

ところで、本書でいままでお話してきたことは理解できていますか。

・・・・・・・・・・・・・・・・・・・・・・・・・・・・・・・・・・・・・・

さて、「正しい選択肢を選ぶ技術」には、大きく分けて二つの技術があります。

① 積極法
② 消去法

ここではまず「積極法」についてお話します。

積極法とは、「予想解答」に則して選択肢を選んでいく方法です。

「予想解答」とは、その字の通りですが、もう少し詳しく言うと、「選択肢を選ぶ前に考えておくべき、その問いの答えとして予想される解答」のことです。つまり、**選択肢を解くときには、本文をもとにして「こんな答えになるだろうな」という予想解答を考えておいて、それに沿って選択肢を選んでいきましょう**、ということですね。（なお、「積極法」は著者の造語です）。

では、この「積極法」とはどのようなものか。例題を通して確認してみましょう。

【例題6】 竜宮城で暮らして三年が経った、ある春の日のことだった。浦島太郎はふと故郷の父と母のことを思い出した。すると、なつかしい父と母の姿が目に浮かんできた。そして、両親は自分がいなくなってからも元気で暮らしているだろうかと考えると、　急に故郷へ帰りたくなったのだった。

【問】 浦島太郎はなぜ、急に故郷へ帰りたくなったのですか。最も適当なものを次の中から一つ選び、記号で答えなさい。

ア　両親のことがなつかしくなり、また心配にもなったから。
イ　故郷の父と母のことを思い出し、その姿が目に浮かんできたから。
ウ　両親は自分がいなくなってから、生活が大変になったのではないかと不安になったから。
エ　竜宮城で三年も暮らし、長い間故郷に帰っていないことに気づいたから。

【例題6／解説】 では、本文に基づいて〈予想解答〉を考えてみましょう。短い文章ですが、**傍線部のルール❶** 傍線部を含む一文は丁寧に読む を大切に。本文には次のようにありますね。

両親は自分がいなくなってからも元気で暮らしているだろうかと考えると、急に故郷へ帰りたくなったのだった。

この部分から、浦島太郎が急に故郷に帰りたくなった直接的な理由は、〈両親は自分がいなくなってからも元気で暮らしているだろうかと考えたから〉だということがわかりますね。これが〈予想解答〉です。そしてこの〈予想解

答〉をもとに、選択肢を選んでいくわけです（＝積極法）。

ところで、選択肢問題で覚えておくべきことが一つあります。それは、

選択肢は本文の言葉を言いかえて作られている

ということです。ですから、〈予想解答〉＝〈両親は自分がいなくなってからも元気で暮らしているだろうかと考えたから〉と内容的には同じで、言葉としては言いかえてある選択肢を選ぼう、という意識で臨むことが必要です。では、選択肢を見ていきましょう。

ア　両親のことがなつかしくなり、また心配にもなったから。

選択肢「ア」は、〈予想解答〉を言いかえた選択肢として正しいことがわかりますか。つまり、〈両親は自分がいなくなってからも元気で暮らしているだろうかと考えたから〉＝〈両親のことが心配になったから〉という言いかえ、太字部分は内容的には同じですね。選択肢「ア」の前半部分「両親のことがなつかしくなり」も、本文の「なつかしい父と母の姿が目に浮かんできた」を言いかえたものとして間違いではありませんね。したがって、正解は「ア」となります。

なお、「ア」以外の選択肢は次のような理由から、最も適当なものとして選ぶことができません。

　イ　故郷の父と母のことを思い出し、その姿が目に浮かんできたから。

↓

　最も迷う選択肢かもしれません。が、浦島太郎が急に故郷に帰りたくなったのは、あくまで〈両親は自分がいなくなってからも元気で暮らしているだろうかと考えたから〉ですね。選択肢「イ」の「故郷の父と母のことを思い出し、その姿が目に浮かんできたから」というのは、帰りたいと思うもともとの「きっかけ」や「原因」ではありますが、**直接的な理由**とはいえません。なぜなら、両親のことを思い出して、その姿が目に浮かんできても、何も思わなければ帰りたいと思わないでしょう。浦島太郎が帰りたくなったのはあくまで、〈両親のことが**心配になったから**〉なのですね。この部分が入っていない選択肢「イ」は、完全な間違いとも言い切れないかもしれませんが、**ややズレた選択肢**なのです。設問文に「最も適当なものを次の中から一つ選び」とあるように、選択肢「イ」は「最も適当なもの」とはいえません。

↓

　ウ　両親は自分がいなくなってから、生活が大変になったのではないかと不安になったから。

　「生活が大変になったのではないか」とは本文に書かれていません。

↓

　エ　竜宮城で三年も暮らし、長い間故郷に帰っていないことに気づいたから。

　「長い間故郷に帰っていないことに気づいた」とは本文に書かれていません。

↓

　選択肢「ア」は本文の言葉を言いかえて作られているため、「予想解答」を考えずに選択肢を選んだ場合、正解だ

とは気づきにくいのではないでしょうか。「予想解答」を考えておくことは、このような言いかえにだまされないよ
うにするための非常に有効な方法なのですね。

大切なことなので繰り返しますが、**選択肢問題の正解の選択肢は、本文の言葉を言いかえて作られています。**した
がって、**選択肢を選ぶときには、「本文を言いかえて作られた選択肢を選ぶのだ」という意識を持たなければ正解は
選べません。**

では、選択肢が本文を言いかえて作られているのだとすれば、いったい何を基準に選択肢を選べばよいのでしょう
か。

――そうです。それが「**予想解答**」なんですね。

だからこそ「答えはこういうものになるはずだ！」という「予想解答」が、正解の選択肢を選ぶ際に不可欠なのです。

逆に言えば、選択肢問題の「最後の二つ」で迷うということは、そもそも「予想解答」を作っていないか、あるい
はそれがかなりあいまいな場合が多いのではないでしょうか。

**基準なしには正解は選べませんね。また、正解が選べないのは基準がないからでしょう。ですから、選択肢問題の「最
後の二つ」で迷わないためにも、「予想解答」をいつも作ることを心がけてください。**もっとも、「予想解答」は文章
として紙に書く必要はありません。頭の中で考えればいいだけです。簡単ですね。

一番ダメなのは、選択肢の中だけで正解を選ぼうとすることです。なぜなら、正解の基準がなければ、正解は選び
ようがないからです。

4 消去法

これまで、選択肢を選ぶ際には〈予想解答〉を作り、それに合う選択肢を選ぶ方法（積極法）が大切だという話をしました。選択肢問題は「積極法」で解くのが基本です。しかし、正しい選択肢を選ぶには、「積極法」だけでなく、「消去法」を上手く使いこなすことが欠かせません。**選択肢問題では、「積極法」と「消去法」を同時に使いながら解くのが一番安全で正確な解き方です。**

では「正しい選択肢を選ぶ技術」の二つ目の「消去法」のやり方を詳しく説明します。一般的に、選択肢問題での「消去法」とは、選択肢としては不適切なものを見つけて、消していくというやり方のことです。

ただ、一口に「消去法」と言っても、そこにはいくつかのポイントがあります。大切なことは、どういうところを「消去」するのかということでしょう。選択肢に次のような箇所が含まれている場合には、その箇所に×をつけて「消去」します。

《×をつけて消去すべき主なポイント》

① 〈予想解答〉や本文と明らかに違うもの（チガ）

② 本文に書かれていないもの（ナシ）

③ 本文に書かれているが、質問に対してズレているもの（ズレ）

④ 言いすぎているもの（スギ）

さて、これらの消去ポイントについて、次の例題で確認してみましょう。

【例題7】 今、鬼ヶ島の鬼たちの間では、あるうわさでもちきりであった。なんと、ついに桃太郎がやってくるというのである。

「あの日本一強いといわれる桃太郎がやってくるというのか…」

「なんでも、家来も大勢連れているという話だぜ」

「オレたちは桃太郎たちに敵（かな）うのだろうか」

そんなある日、赤鬼のオニ太は鬼の大将に呼び出された。

「桃太郎を俺様のところに近づけるな！赤鬼と青鬼を集めて、やつらが鬼ヶ島に到着次第やっつけてこい！」

鬼の大将はそう言って、新しい鬼の金棒をオニ太に与えると、立ち去って行った。

「そんなむちゃな…」

こんな展開になるとは思ってもみなかったオニ太は、途方に暮れてしまった。

【問】 傍線部「こんな展開」とはどのようなことですか。最も適当なものを次の中から一つ選び、記号で答えなさい。

ア 日本一強い桃太郎たちが鬼ヶ島に着いたら、すぐにやっつけてしまうこと。

イ 桃太郎たちを鬼の大将のところに近づけないように、鬼の金棒でやっつけてしまうこと。

ウ 無理難題を言われて、オニ太が途方に暮れてしまったこと。

エ 鬼ヶ島に到着次第、家来も連れている桃太郎とオニ太だけで戦うこと。

オ 鬼の大将に近づけないように、敵うかもわからない桃太郎たちと戦わねばならないこと。

28

【例題7／解説】「こんな展開」の〈予想解答〉は、〈鬼の大将に近づけないように、鬼を集めて、桃太郎たちが鬼ヶ島に到着次第やっつけること〉あたりが考えられるでしょう。「消去法」を使いながら、〈予想解答〉に適する選択肢を選んでいくプロセスを見ていきます。

なお、「消去法」を行うときには、選択肢をスラッシュ（／）でいくつかの部分に区切って細かく選択肢を見ていくと効果的です。これを「スラッシュ作戦」（筆者の造語です）と呼んでいきます。スラッシュを入れるべき箇所に厳密な決まりがあるわけではありませんから、各自のやりやすいようにやればよいと思いますが、読点（「、」）や意味の区切れで入れるとわかりやすいと思います。

たとえば、次のように行えばよいでしょう。

ア　日本一強い桃太郎たちが／鬼ヶ島に着いたら、／すぐにやっつけてしまうこと。

　　　　　　×
　　　　　　チガ

↓正しくは「日本一強い」ではなくて「日本一強いといわれる」です。本文と異なっていますので「チガ」です。

イ　桃太郎たちを／鬼の大将のところに近づけないように、／鬼の金棒でやっつけてしまうこと。

　　　　　　　　　　　　　　　　　　　　　×
　　　　　　　　　　　　　　　　　　　　　ナシ

↓やっつける方法として、「鬼の金棒で」とは本文中に書かれていませんね。書かれていないことは間違いですから、「ナシ」。

ウ　無理難題を言われて、／オニ太が途方に暮れてしまったこと。

　　×
　　ズレ

↓「オニ太は、途方に暮れてしまった」と本文に書かれてはいますが、「こんな展開」とは全く関係ないこと。こう

いう選択肢は「ズレ」で×。

エ　鬼ヶ島に到着次第、／家来も連れている桃太郎と／オニ太だけで戦うこと。
↓
「赤鬼と青鬼を集めて」とあるので、「オニ太だけで」とは書かれていません。「だけ」のような「言い過ぎ言葉」は他にも、「すべて」「必ず」「いつも」「絶対に」「のみ」「決して～ない」などがあります。こうした「言い過ぎ言葉」はあらかじめ覚えておくとよいでしょう。

オ　鬼の大将に近づけないように、／敵うかもわからない桃太郎たちと／戦わねばならないこと。
↓
言葉としては言いかえてありますが、これは「予想解答」の「鬼の大将に近づけないように、鬼を集めて、桃太郎たちが鬼ヶ島に到着次第やっつけること」とほぼ一致しますね。これが正解になります。

いかがでしょうか。もちろん、「チガ」「ナシ」「ズレ」「スギ」といった分類は、正解にならない選択肢を消去しやすくするためのものであり、どの選択肢がどの分類に当たるのかに時間をかけたりする必要はありません。本書の【解説】では、間違いの理由を説明するために「チガ」「ナシ」「ズレ」「スギ」という分類を明記していますが、受験生が問題を解く際には、それらをいちいち記入する必要はありません。間違っている部分には単に「×」とだけ書けばよいでしょう。ちなみに、ここで紹介した「チガ」「ナシ」「ズレ」「スギ」以外にも、「時系列の前後の誤り（マ

エ、アト）」などがあります。

【例題7／解答】　オ

30

消去法の注意点❶　記憶で解かないこと

選択肢を選ぶときには、「これって確か本文に書いてあったよな…」などと記憶だけで解かず、必ず選択肢と本文を照らし合わせて確認しましょう。なぜかといえば、その選択肢が正しいか正しくないかは、本文に書いてあるかどうか、本文から読み取れるかどうかが基準になるからです。選択肢問題を間違える場合、最大の理由の一つが、選択肢と本文との照らし合わせ不足です。

・・・・・・・・・・・・・・・・・・・・・・・・・・・・

消去法の注意点❷　選択肢を短く区切って、照らし合わせの正確さをアップさせる

スラッシュ作戦では、「読点（、）」や「文の意味」を目安に選択肢を区切って本文と照らし合わせを行いますが、正確に照らし合わせることができないと感じる場合には、やや短めに区切るのがコツです。短めに区切ることで、一度に照らし合わせる情報量が減り、見落としが少なくなるので、照らし合わせの正確さがアップします。**本文と照らし合わせているのに間違えが多いと感じる場合には、選択肢を短めに区切って、一度に照らし合わせる情報量を少なくしてみましょう。**

たとえば先ほどの選択肢「ア」では、左側のように、読点だけでなく意味でも区切ってみるとより正確に照らし合わせを行うことができると思います。

ア　日本一強い桃太郎たちが鬼ヶ島に着いたら、／すぐにやっつけてしまうこと。

←

ア　日本一強い桃太郎たちが／鬼ヶ島に着いたら、／すぐにやっつけてしまうこと。

・・・・・・・・・・・・・・・・・・・・・・・・・

ろいろと練習してみてください。

細かくしすぎるものの問題ですが、自分にとって一番しっくりくる長さでの区切りを見つけられるとよいですね。い

消去法の注意点❸　保留の［△］について

本文から読み取れるかどうか不確かなときってありますよね。そんなところには△をつけ、ひとまずは保留にしましょう。そしてすべての選択肢を吟味した後に、△で保留にした選択肢が複数あれば、それらを再び比較検討し直して、最終的に最もマイナスが少ない選択肢を選ぶようにします。

このときに有効なのが、**選択肢同士の「共通点」と「相違点」に着目して、「相違点」を比較検討することです。**

たとえば次のような例を見てください。

ア　赤鬼のオニ太は、桃太郎を金棒でなぐった。

イ　赤鬼のオニ太は、鬼の大将を金棒でなぐった。

32

アとイの選択肢のどちらかで迷ったとしましょう（…今回は極端な例なので、迷わないかとは思いますが、迷ったことにして話を聞いてください）。その場合、次のように「スラッシュ作戦」でスラッシュを入れ、「共通点」と「相違点」に着目します。

ア　赤鬼のオニ太は、／**桃太郎を**／金棒でなぐった。

イ　赤鬼のオニ太は、／**鬼の大将を**／金棒でなぐった。

そして「相違点」である、

ア　桃太郎を

イ　鬼の大将を

の部分について、どちらが正しいのかを本文と照らし合わせて選びます。

実際の入試問題では、△で保留にする選択肢はそれなりに多くなると思います。そうした、△で保留した選択肢同士の比較検討については、後の「第三章」でより詳しく扱います。

第二章
選択肢問題の四つのパターン

第一章では、選択肢問題を解く二つの方法を説明しました。〈予想解答〉を作り、それに合う選択肢を選ぶ「積極法」と、本文や〈予想解答〉と合わないものを消去する「消去法」ですね。そして選択肢問題を解く際に大切なことは、〈予想解答〉を基準に選択肢を選んでいくことだと強調しました。なぜかといえば、基準がなければ正しいものは選べないからです。——しかし、そもそも、〈予想解答〉とは、どのように作ればよいのでしょうか。

この章では、選択肢問題を四つのパターンに分け、パターン別の〈予想解答〉の作り方を学んでいきます。

「選択肢問題」と一口に言っても、実はいくつかのタイプが存在します。語彙の意味を問うもの、空欄に当てはまる適切な言葉を選ばせるもの…などなど。「記述問題」でないものは大抵「選択肢問題」の部類に入るわけです。

そんな中、本書では主に、傍線部や本文内容についての正しい理解を問う選択肢問題を扱います。

そしてそうした選択肢問題は、大きく次の四つのパターンに分けることができます。

① **内容説明問題**
② **理由問題**
③ **気持ち問題**
④ **内容正誤問題**

それぞれのパターンによって問われていることが違うため、〈予想解答〉を考える際に気をつけなければならないことが異なっているのですね。ですから、選択肢問題を解く際には、まず、それが四つのどのパターンにあたるのかを区別することが大切です。それによって正しく解答できるかどうかが大きく違ってくるからです。ではこれから、それぞれのパターンを見てみましょう。

1 内容説明問題

《内容説明問題》とは、**傍線部や本文内容について、「○○とはどういうことですか」「○○は何ですか」と問う**タイプの問題です。これは傍線部の言いかえ説明であったり、問われている内容を正しく説明した選択肢を選ばせるものだったりしますが——要するに、**傍線部や問われている内容とイコール（＝）の関係にあることがらを選ぶ問題**だと考えることもできます。

どういうことか、簡単な例題で見てみましょう。

【例題8】 次の文章を読んで後の問いに答えなさい。

　故郷の両親が恋しくなって竜宮城から戻ってきた浦島太郎。しかし、帰ってきた世界に自分の家はなく、両親の姿もどこにも見当たりません。　竜宮城での三年は、人間の世界での三百年だったのです。

「ああ、なんということだ」

　浦島太郎は目の前が真っ暗になりました。そのとき、ふと、竜宮城の乙姫さまにもらった玉手箱に気づきました。

「そうだ。この玉手箱を開けてみれば何かがわかるかもしれない」

　玉手箱を開けてはいけないと乙姫さまに言われたことも忘れ、浦島太郎はわらにもすがる思いで、玉手箱のふたを開けました。すると、むらさき色の煙が中から立ちのぼり、太郎はたちまち白髪の老人になってしまいました。

「なるほど。乙姫さまが、人間のいちばん大事な宝を入れておくといったあれは、人間の寿命のことだったんだな」

　春の空は遠くかすみ、海はのどかに波打っていました。太郎はぼんやりと昔のことを思い出していました。

【問】傍線部「わらにもすがる思い」とはどのような思いですか。最も適当なものを次の中から一つ選び、記号で答えなさい。

ア　玉手箱を開ければ、両親に会えるかもしれないという思い。

イ　玉手箱を開けて、人間のいちばん大事な宝を見たいという思い。

ウ　玉手箱が自分の状況を変えてくれるかもしれないという思い。

エ　玉手箱が謎を解き明かしてくれるかもしれないという思い。

【例題8／解説】この問題は「わらにもすがる思い」は「どのような思い」か、と問われています。算数でいえば、

「わらにもすがる思い」＝「○○という思い」

の関係が成り立つものを選びなさいという問題ですね。

このように、**問われていることとイコール　（＝）の関係が成り立つものを選ぶ問題が**《内容説明問題》です。です

から《内容説明問題》では、**問われていることとイコールの関係が成り立つことがらを本文から読み取り、それを**〈予

想解答〉とします。

では、〈予想解答〉を考えてみましょう。

　　　　傍線部のルール❶　傍線部を含む一文は丁寧に読む　より、

……浦島太郎はわらにもすがる思いで、玉手箱のふたを開けました。

と本文にありますから、「わらにもすがる思い」とは、「玉手箱のふたを開けたときの思い」だとわかりますね。

38

では、「玉手箱を開けたときの思い」とは？　浦島太郎はどんなことを考えていたのでしょうか。これは次の部分で

しょう。

「そうだ。この玉手箱を開けてみれば何かがわかるかもしれない」

よって〈予想解答〉は、〈この玉手箱を開けてみれば何かがわかるかもしれないという思い〉ですね。

「わらにもすがる思い」＝「玉手箱のふたを開けたときの思い」＝〈この玉手箱を開けてみれば何かがわかるかもし

れないという思い〉という関係です（なお、辞書的な意味での「わらにもすがる思い」とは、「せっぱつまったとき

には頼りにならないものでも頼りにすること」の比喩表現です）。

さて、この〈予想解答〉をもとに、選択肢を選んでいきます（積極法）。ただし、〈予想解答〉と同じ言葉が選択肢

に使われているとは限りません。一章でも繰り返し伝えましたが、**内容的には同じで、言葉としては言いかえてある**

選択肢を選ぼう、という意識で選ぶんですよ。

ア　玉手箱を開ければ、／両親に会えるかもしれないという思い。　×ナシ

イ　玉手箱を開けて、／人間のいちばん大事な宝を見たいという思い。　×ナシ

ウ　玉手箱が／自分の状況を変えてくれるかもしれないという思い。　○

エ　玉手箱が／謎を解き明かしてくれるかもしれないという思い。

選択肢「ウ」が迷うかもしれませんが、「自分の状況を変えてくれるかもしれない」とまでは書かれていませんね。

39

あくまで、〈この玉手箱を開けてみれば何かがわかるかもしれないという思い〉です。これを一番正しく言いかえた選択肢は、やはり「エ」でしょう。特に、太字の言いかえに着目してください。

〈この玉手箱を開けてみれば**何かがわかるかもしれない**という思い〉

↑

玉手箱が**謎を解き明かしてくれるかもしれない**という思い。

まさに、内容的には同じで、**言葉としては言いかえてある**選択肢ですね。

【例題8／解答】 エ

さて、《内容説明問題》についての大切なことを確認しておきます。ぜひ覚えましょう。

▼ 内容説明問題では、問われていることとイコール（＝）の関係が成り立つことがらを〈予想解答〉とする。

▼ 内容的には同じで、言葉としては言いかえてある選択肢を選ぶ。

② 理由問題

《理由問題》とは、「○○はなぜか」「○○の理由は何か」というタイプの問題です。少し難しい言葉を使うと、ものごとの「因果関係（原因と結果の関係）」として正しい「原因・理由」の選択肢を選ばせる問題です。

でも、そもそも「原因・理由」とは何でしょうか。案外、これがよくわかっていない受験生が多いように思います。また、不親切なことに、参考書などを見ても、「原因・理由」とは何か、はっきりとは書かれていなかったりします。

とても大切なことなのでよく覚えてくださいね。わかりやすく言うと、次のようになります。

「原因・理由」＝「結果」を直接的に生み出しているもの

少なくとも、国語の読解問題では「原因・理由」をこう考えてください。

たとえば、「オオカミ少年はウソばかりついていたので、本当にオオカミに襲われたときに、誰も助けにきてくれなかった」という場合を考えてみましょう。

「誰も助けにきてくれなかった」という「結果」を直接的に生み出しているのは、「オオカミ少年がウソばかりついていたから」ですね。つまり、

「原因・理由」……オオカミ少年はウソばかりついていたから

←

「結果」………誰も助けにきてくれなかった

という流れが成り立つと考えられるわけです。こう説明すると、当たり前のように感じられるかもしれませんが、その当たり前をしっかり確認しておくことも大切です。後で必ず役に立つときが来ます。

では、次の例題を考えてみてください。

【例題9】 次の文章を読んで後の問いに答えなさい。

故郷の両親が恋しくなって竜宮城から戻ってきた浦島太郎。しかし、帰ってきた世界に自分の家はなく、両親の姿もどこにも見当たりません。竜宮城での三年は、人間の世界での三百年だったのです。

「ああ、なんということだ」

浦島太郎は目の前が真っ暗になりました。そのとき、ふと、竜宮城の乙姫さまにもらった玉手箱に気づきました。

「そうだ。この玉手箱を開けてみれば何かがわかるかもしれない」

玉手箱を開けてはいけないと乙姫さまに言われたことも忘れ、浦島太郎はわらにもすがる思いで、玉手箱のふたを開けました。すると、むらさき色の煙が中から立ちのぼり、太郎はたちまち白髪の老人になってしまいました。

「なるほど。乙姫さまが、人間のいちばん大事な宝を入れておくといったあれは、人間の寿命のことだったんだな」

春の空は遠くかすみ、海はのどかに波打っていました。太郎はぼんやりと昔のことを思い出していました。

【問】 傍線部「玉手箱のふたを開けました」とありますが、浦島太郎が玉手箱のふたを開けたのはなぜですか。最も適当なものを次の中から一つ選び、記号で答えなさい。

ア　乙姫さまにもらった玉手箱の存在に思い当たったから。

イ　玉手箱を開けないように言われたことを忘れていたから。

ウ　玉手箱が何かを教えてくれるかもしれないと期待したから。

エ　玉手箱に入っている人間のいちばん大事な宝を知りたくなったから。

【例題9／解説】《理由問題》とは、ものごとの「因果関係」に関する問いです。もう少し詳しく言えば、設問で示された「結果」に対する「原因・理由」を選択肢から選ばせるというものです。ですから、まずはその設問での「結果」が何に当たるのかを正しくつかまえておかねばなりません。

では「結果」とは何でしょう。

それは、設問の「〇〇はなぜか」「〇〇の理由を説明しなさい」の〇〇の部分のことです。【例題9】では「浦島太郎が玉手箱のふたを開けたのはなぜですか。」と問われていますから、「浦島太郎が玉手箱のふたを開けた」が「結果」です。

すると、ここまでのことをふまえて、《理由問題》における〈予想解答〉の作り方の手順を整理しておくと、次のようになります

（1）「〇〇はなぜか」「〇〇の理由を説明しなさい」の〇〇を「結果」とする。
　　（傍線部が「結果」になっていることが多い）

（2）「結果」に対する「原因・理由」を本文中から読み取る。

さて、《「原因・理由」＝「結果」を直接的に生み出しているもの》ですから、「浦島太郎が玉手箱のふたを開けた」

という「結果」を直接的に生み出しているものは何か、と考えます。**傍線部のルール❶ 傍線部を含む一文は丁寧に読む**より、本文に、

…浦島太郎はわらにもすがる思いで、玉手箱のふたを開けました。

とありますから、浦島太郎が玉手箱を開けたのは、「わらにもすがる思いを抱いていたから」でしょう。そして「わらにもすがる思い」とはどんな思いかといえば、【例題8】でやったように、「わらにもすがる思い」＝「この玉手箱を開けてみれば何かがわかるかもしれないという思い」でしたね。よって、〈予想解答〉は、〈この玉手箱を開けてみれば何かがわかるかもしれないという思いを抱いていたから〉というのが考えられるでしょう。選択肢はこの〈予想解答〉をもとに選んでいきます。

↓ 「思い当たった」ことが玉手箱のふたを開けたという結果を直接生じさせたわけではありません。

ア 乙姫さまにもらった玉手箱の存在に／思い当たったから。
　　　　　　　　　　　　　×ズレ／×ズレ

↓ この選択肢が一番迷うかもしれませんね。ただこれも、「忘れていた」ことが玉手箱のふたを開けたという結果を直接生じさせたわけではありません。忘れていたということ自体が、玉手箱を開けさせたわけではないんですね。

イ 玉手箱を開けないように言われたことを／忘れていたから。
　　　　　　　　　　　　　　　　　　　　×ズレ

あくまで「玉手箱を開けてみれば何かがわかるかもしれないという思い」があったから開けたのです。よって、「ズ

44

レ」で×。

ウ　玉手箱が何かを教えてくれるかもしれないと／期待したから。

↓〈予想解答〉＝〈この玉手箱を開けてみれば何かがわかるかもしれないという思いを抱いていたから〉を正しく言いかえている選択肢としてはこれでしょう。

エ　玉手箱に入っている／人間のいちばん大事な宝を／知りたくなったから。
_×
_{チガ}

↓知りたくなったのは「人間のいちばん大事な宝」ではありませんね。

【例題9／解答】　ウ

◆因果関係が最も近い選択肢を選ぶ

理由問題では、因果関係の「遠い」「近い」が解答を左右することがあります。図で表すとこんな感じです。

因果関係が最も近い選択肢を選ぶ

近い　←―　**因果関係**　―→　遠い

（ア）乙姫さまにもらった玉手箱の存在に思い当たったから

（イ）玉手箱を開けないように言われたことを忘れていたから

（ウ）玉手箱が何かを教えてくれるかもしれないと期待したから

（結果）浦島太郎が玉手箱のふたを開けた

理由問題では、《「原因・理由」＝「結果」を直接的に生み出しているもの》と考えます。「結果」に因果関係が「遠い」選択肢は正解とはいえないんですね。

理由問題では、**因果関係の最も近い選択肢を選ぶ**という意識が大切です。

46

では、《理由問題》についての大切なことも再確認しておきましょう。これもぜひ覚えてください。

▼「原因・理由」＝「結果」を直接的に生み出しているもの

▼理由問題の〈予想解答〉の作り方

（1）「〇〇はなぜか」「〇〇の理由を説明しなさい」の〇〇を「結果」とする。
（傍線部が「結果」になっていることが多い）

（2）「結果」に対する「原因・理由」を本文中から読み取る。

▼因果関係が最も近い選択肢を選ぶ

③ 気持ち問題

《気持ち問題》とは、主に物語文で問われる「〇〇の気持ちを答えなさい」「〇〇の心情を説明したものを選びなさい」といったタイプの問題です。ですから当然、本文から登場人物の「気持ち」を読み取らなければなりません。

ただ、「うれしい」とか「悲しい」とか「怒っている」とか「安心した」とか、そんなふうに「気持ち」が直接本文に書かれていることもありますが、多くの場合、登場人物の「気持ち」は直接表されておらず、解答者が文章から読み取る必要があるわけですが、《気持ち問題》が苦手な人はここがどうも得意ではなさそうです。

では、「気持ち」とはどのように読み取ればいいのでしょう。「気持ち」の読み取りのコツは、本文中の次の二つに注目して読み取ることです。

① **言動…人物の様子（セリフ、行動、表情）から気持ちを読み取る。**

（例・セリフ）…「お前らはいいよな」と赤鬼のオニ太は言い残して立ち去った。→「うらやましい」「嫉妬」

（例・行動）鬼の大将はこぶしで机をたたき、大声で赤鬼のオニ太を呼んだ。→「怒り」

（例・表情）それを聞くと、赤鬼のオニ太は急に目を輝かせた。→「喜ぶ」「うれしい」「期待」

② **情景描写…天候や風景の描写に人物の気持ちが表れていると考える。**

（例）突然、鬼ヶ島の方の雲行きが怪しくなってきた。→「不安」「心配」

48

このとき、言動や情景描写を頭の中で映像化してイメージすることがポイントです。実際、物語文の「気持ち」は「言動」から読み取ることがほとんどですから、どういった「言動」からどういった「気持ち」が読み取れるのかは、ある程度訓練しておくのがよいでしょう。自分だったらこうするといった「フィーリング」で読むことは失敗の元となります。

また、多くの場合《気持ち問題》の選択肢には、その「気持ち」になった「理由」も含まれています。ですから、《気持ち問題》では、登場人物の「気持ち」だけでなく、なぜその「気持ち」になったのかという「理由」も読み取らねばなりません。つまり、《気持ち問題》で〈予想解答〉を作るには、

（1）言動・情景描写から「気持ち」を読み取る。

（2）その「気持ち」になった「理由」を読み取る。

（3）〈予想解答〉は「理由＋気持ち」で作る。

というプロセスが必要だということですね。このあたりのことを、例題を通して見ていきましょう。

【例題10】次の文章を読んで後の問いに答えなさい。

　故郷の両親が恋しくなって竜宮城から戻ってきた浦島太郎。しかし、帰ってきた世界に自分の家はなく、両親の姿もどこにも見当たりません。竜宮城での三年は、人間の世界での三百年だったのです。

「ああ、なんということだ」

浦島太郎は目の前が真っ暗になりました。そのとき、ふと、竜宮城の乙姫さま（おとひめ）にもらった玉手箱に気づきました。

「そうだ。この玉手箱を開けてみれば何かがわかるかもしれない」

玉手箱を開けてはいけないと乙姫さまに言われたことも忘れ、浦島太郎はわらにもすがる思いで、玉手箱のふたを開けました。すると、むらさき色の煙が中から立ちのぼり、太郎はたちまち白髪の老人になってしまいました。

「なるほど。乙姫さまが、人間のいちばん大事な宝を入れておくといったあれは、人間の寿命のことだったんだな」

春の空は遠くかすみ、海はのどかに波打っていました。太郎はぼんやりと昔のことを思い出していました。

【問】　傍線部「玉手箱のふたを開けました」とありますが、玉手箱を開けるまでの浦島太郎の心情の説明として最も適当なものを次の中から一つ選び、記号で答えなさい。

ア　竜宮城と人間界の時間経過の違いを知って強い悲しみを覚えたが、玉手箱が何かを教えてくれるにちがいないと確信した。

イ　竜宮城と人間界の時間経過の違いにぼうぜんとしたが、玉手箱が何かを教えてくれるかもしれないと期待した。

ウ　両親もいない三百年後の世界だと知ってむなしくなったが、玉手箱が助けてくれるのではないかと願った。

エ　両親もいない三百年後の世界に生きる望みを失ったが、玉手箱を開ければ何かがわかるかもしれないとうれしくなった。

【例題10／解説】　ア～エの選択肢を見ると、次のように、いずれも「理由」と「気持ち」が書かれていることがわかりますか。

50

ア 竜宮城と人間界の時間経過の違いを知って／強い悲しみを覚えたが、／玉手箱が何かを教えてくれるにちがい
　　　　　　　　　　　　　　　　　　　　理由　　　　　　　　　気持ち
ないと／確信した。
　　　　気持ち

イ 竜宮城と人間界の時間経過の違いに／ぼうぜんとしたが、／玉手箱が何かを教えてくれるかもしれないと／
　　　　　　　　　　　　　　　　　理由　　　　気持ち
期待した。
気持ち

ウ 両親もいない三百年後の世界だと知って／むなしくなったが、／玉手箱が助けてくれるのではないかと／
　　　　　　　　　　　　　　理由　　　　気持ち
願った。
気持ち

エ 両親もいない三百年後の世界に／生きる望みを失ったが、／玉手箱を開ければ何かがわかるかもしれないと／
　　　　　　　　　　　　理由　　　　気持ち　　　　　　　　　　　　　　　　　　　　理由
うれしくなった。
気持ち

このように《気持ち問題》では、選択肢が「理由」と「気持ち」で構成され、「理由＋気持ち」の形になっている
のが一般的です。ですから、「理由」の部分も「気持ち」の部分もともに最も適切な選択肢を選ばなければなりません。

そこで〈予想解答〉を作る際には、本文から「気持ち」だけでなく「理由」も読み取り、〈予想解答〉を「理由＋気持ち」
の形で作る必要があるということがわかります。

では、玉手箱を開けるまでの浦島太郎の心情の〈予想解答〉を考えてみます。手順にしたがってやってみましょう。

（1）言動・情景描写から「気持ち」を読み取る。

《気持ち問題》ではまず、登場人物の言動や情景描写から「気持ち」を読み取ります。ここでは浦島太郎の言動に着
目し、その様子を頭の中で映像化して「気持ち」をイメージしてみましょう。ざっくりとした感じで構いません。す
ると、本文からは、大きく二つの「気持ち」が読み取れますね。（本文は斜体表記）

・「ああ、なんということだ」

浦島太郎は**目の前が真っ暗になりました。→ 〈絶望〉**

・浦島太郎は**わらにもすがる思いで→ 〈望み／願い〉**

(2) その「気持ち」になった「理由」を読み取る。

「気持ち」を読み取ったら、次はその「理由」です。浦島太郎はなぜ〈絶望〉したり、〈望み／願い〉を抱いたりしたのでしょうか。まず〈絶望〉の理由は本文の次のあたりでしょう。

・竜宮城での三年は、人間の世界での三百年だったのです。

ここから、〈絶望〉したのは〈竜宮城での三年は、人間の世界での三百年だったとわかったから〉という理由が考えられます。また、〈望み／願い〉の理由が読み取れるのは、本文の次のあたりでしょう。

・「そうだ。この玉手箱を開けてみれば何かがわかるかもしれない」

ここから、〈玉手箱を開けてみれば何かがわかるかもしれないと思ったから〉という理由がわかります。

(3) 〈予想解答〉は「理由＋気持ち」で作る。

では、ここまでのことをふまえ、「理由＋気持ち」の形で〈予想解答〉を作ってみましょう。

〈竜宮城での三年は、人間の世界での三百年だったとわかったから〉＋〈絶望〉

〈玉手箱を開けてみれば何かがわかるかもしれないと思ったから〉＋〈望み／願い〉

をつなぎます。すると、次のような〈予想解答〉になるでしょうか。

〈予想解答〉＝〈竜宮城での三年が人間の世界での三百年だったとわかり**絶望**したが、玉手箱を開けてみれば何かがわかるかもしれないと**願った**。〉

そしてこの〈予想解答〉をもとに、選択肢を選んでいきます。

なお、ここでは丁寧（ていねい）に説明するために、きっちりとした〈予想解答〉を示していますが、実際にみなさんが問題を解くときには、ここまできっちりとした〈予想解答〉を作る必要はありません。おおよそこんな感じに頭を働かせてほしい、ということです。念のため、書き添えておきます。

ア　竜宮城と人間界の時間経過の違いを知って／強い悲しみを覚えたが、／玉手箱が何かを教えてくれるに**ちがい**
×　チガ
ないと／確信した。
×　チガ・スギ
→前半の「強い悲しみ」は間違いではない範囲ですが、後半の「にちがいない」「確信した」は「スギ」または「チガ」で×。「確信」まではしていませんね。

イ　竜宮城と人間界の時間経過の違いに／ぼうぜんとしたが、／玉手箱が何かを教えてくれるかもしれないと／期待した。
→前半の「ぼうぜん」も後半の「期待」も、〈予想解答〉と大きく異なっているわけではありませんから、これが正解。〈予想解答〉はあくまで「予想」なので、それと明らかに違っていなければ許容範囲として〇または△としておくのがいいでしょう。

ウ　両親もいない三百年後の世界だと知って／むなしくなったが、／玉手箱が助けてくれるのではないかと／願った。

→前半の「両親もいない三百年後の世界だと知って」は間違いではありませんが、「むなしくなった」という気持ちは読み取れませんね。本文の「目の前が真っ暗になりました」という表現から「むなしくなった」が×。

エ　両親もいない三百年後の世界に／生きる望みを失ったが、／玉手箱を開ければ何かがわかるかもしれないと／うれしくなった。

→後半の「うれしくなった」は明らかに×。

いかがでしたか？　最後に《気持ち問題》で大切なことを確認しておきましょう。

【例題10／解答】　イ

▼登場人物の「気持ち」は、「言動」や「情景描写」から読み取る（映像化してイメージする）。

▼気持ち問題の〈予想解答〉の作り方

（1）言動・情景描写から「気持ち」を読み取る。

（2）その「気持ち」になった「理由」を読み取る。

（3）〈予想解答〉は「理由＋気持ち」で作る。

54

④ 内容正誤問題

《内容正誤問題》とは、本文の内容にあてはまる（または、あてはまらない）選択肢を選ぶタイプの問題です。正しい選択肢に〇、正しくない選択肢に×をつけるというタイプの問題もこれに入ります。

これは理屈抜きに、選択肢と本文を照らし合わせて、正しいかどうかを丁寧に確認することが求められます。

これも例題で見てみましょう。

【例題11】 次の文章を読んで後の問いに答えなさい。

故郷の両親が恋しくなって竜宮城から戻ってきた浦島太郎。しかし、帰ってきた世界に自分の家はなく、両親の姿もどこにも見当たりません。竜宮城での三年は、人間の世界での三百年だったのです。

「ああ、なんということだ」

浦島太郎は目の前が真っ暗になりました。そのとき、ふと、竜宮城の乙姫さまにもらった玉手箱に気づきました。

「そうだ。この玉手箱を開けてみれば何かがわかるかもしれない」

玉手箱を開けてはいけないと乙姫さまに言われたことも忘れ、浦島太郎はわらにもすがる思いで、玉手箱のふたを開けました。すると、むらさき色の煙が中から立ちのぼり、太郎はたちまち白髪の老人になってしまいました。

「なるほど。乙姫さまが、人間のいちばん大事な宝を入れておくといったあれは、人間の寿命のことだったんだな」

春の空は遠くかすみ、海はのどかに波打っていました。太郎はぼんやりと昔のことを思い出していました。

55

【問一】 次のア〜エの中から本文の内容として適当なものを一つ選びなさい。

ア 竜宮城と人間界の時間の違いにがくぜんとした浦島太郎は、玉手箱にわずかな望みをたくした。

イ 開けてはいけないと言われていた玉手箱を開けた浦島太郎は、人間のいちばん大事な宝を手に入れた。

ウ 乙姫さまが言った通り、人間のいちばん大切なものとは人間の寿命のことだと浦島太郎は知った。

エ 老人になってしまった浦島太郎は、春ののどかな日になつかしい両親のことを思い出していた。

【問二】 本文の内容に当てはまるものには○、当てはまらないものには×をつけなさい。

ア 竜宮城では人間の世界と時間の速度が異なるが、乙姫さまはそのことを浦島太郎には教えなかった。

イ 竜宮城から帰ってきた浦島太郎は、竜宮城に行ったことを後悔したと考えられる。

ウ 浦島太郎は宝箱を開けて初めて、乙姫さまが玉手箱について言っていたことを理解した。

エ 春の空は遠くかすみ、海はいつものどかに波打っているので、浦島太郎には昔のことが夢のように思われた。

【例題11／解説／問二】《内容正誤問題》では〈予想解答〉を作る必要はありません。大切なことは、選択肢と本文を丁寧に照らし合わせることです。選択肢を区切って（スラッシュ作戦）、一つ一つ丁寧に見ていきます。

ア 竜宮城と人間界の時間の違いにがくぜんとした浦島太郎は、／玉手箱にわずかな望みをたくした。

→選択肢前半の「がくぜんとした浦島太郎」は、本文の「浦島太郎は目の前が真っ暗になりました」の言いかえ表現。また選択肢後半の「玉手箱にわずかな望みをたくした」も、本文の「浦島太郎はわらにもすがる思いで、玉手箱のふたを開けました」の言いかえとして正しいでしょう。よって、「ア」が正解。ただ、「ア」が正解だと思った場合にも、他の選択肢をしっかりと吟味しましょう。勘違いしている場合もありますからね。

イ　開けてはいけないと言われていた玉手箱を開けた浦島太郎は、／人間のいちばん大事な宝を手に入れた。

　↓「人間のいちばん大事な宝」とは「人間の寿命」のことですね。したがって、浦島太郎は「人間のいちばん大

×チガ

事な宝を手に入れた」わけではありません。本文と異なるので、「チガ」で×。

ウ　乙姫さまが言った通り、／人間のいちばん大切なものとは人間の寿命のことだと浦島太郎は知った。

×チガ

　↓選択肢の後半の内容は正しいですが、「人間のいちばん大切なものとは人間の寿命」だと乙姫さまが言った

わけではありません。本文に「乙姫さまが、人間のいちばん大事な宝を入れておくといった」とあるように、

乙姫さまが言ったのは「人間にいちばん大事な宝を（玉手箱に）入れておく」ということ。「チガ」で×。

エ　老人になってしまった浦島太郎は、／春ののどかな日になつかしい両親のことを思い出していた。

×チガ　ナシ

　↓本文には「太郎はぼんやりと昔のことを思い出していました」とは書かれていますが、「両親のこと」かどう

かはわかりませんね。

【例題11／解答／問二】　ア

【解説／問二】　本文に書いてあるかどうか、本文から読み取れるかを丁寧に確認しましょう。読解問題においては、「本文に書いてあれば（または、本文から当然読み取れれば）正しい」、「本文に書いてなければ間違い」というのが絶対の基準（本文主義）です。「浦島太郎」の話を知っているからといって、それらが本文から読み取れなければ「正しい」とはいえません。また、自分の考えや意見などを交えて判断してもいけません。

ア　竜宮城では人間の世界と時間の速度が異なるが、／乙姫さまはそのことを浦島太郎には教えなかった。
　↓
　浦島太郎は竜宮城から帰ってきてから初めて、竜宮城と人間世界の時間の速度の違いを知ったので、乙姫さまが教えなかった、というのは間違いではありませんね。

イ　竜宮城から帰ってきた浦島太郎は、／竜宮城に行ったことを／ **後悔した** と考えられる。
　　　　　　　　　　　　　　　　　　　　　　　　×ナシ
　↓
　本文から「後悔した」と読み取れるところはありませんね。「ナシ」で×。

ウ　浦島太郎は宝箱を開けて初めて、／乙姫さまが玉手箱について言っていたことを理解した。
　↓
　本文に「なるほど。乙姫さまが、人間のいちばん大事な宝を入れておくといったあれは、人間の寿命のことだったんだな」とありますから、これは正しい。

エ　春の空は遠くかすみ、／海は **いつも** ののどかに波打っているので、／浦島太郎には昔のことが夢のように思われ
　　　　　　　　　　　　　　×スギ　　　　　　　　　　　　　　　　　　　　　　　　　△
た。
　↓
　「いつも」とまでは書かれていませんね。こういう言い過ぎ表現は「スギ」で×。なお、選択肢後半の「浦島太郎には昔のことが夢のように思われた」は、本文の「太郎はぼんやりと昔のことを思い出していました」の言いかえとしては微妙なところなので△でしょう。

【解答／問二】

ア＝○、イ＝×、ウ＝○、エ＝×

58

5 選択肢問題の解き方の手順

次の章からは選択肢問題の演習に入りますが、その前に、これまで学んだことをふまえて、選択肢問題の解き方の手順をまとめておきます。**なお、この手順は覚えて、使いこなせるようにしましょう。**

＊まず、選択肢問題が四つのどのパターン（①内容説明問題／②理由問題／③気持ち問題／④内容正誤問題）に当たるのかを判別します。その上で、〈予想解答〉を考える必要のある「A：傍線部に関する問題」と、〈予想解答〉を考える必要のない「B：本文全体に関する問題」の、それぞれの手順にしたがって解きます。

A：傍線部に関する問題（①内容説明問題／②理由問題／③気持ち問題）

手順❶　〈傍線部のルール〉により、傍線部を正しく理解する。

手順❷　本文をもとに、〈予想解答〉を作る。[注1]

手順❸　「消去法」を使いながら、〈予想解答〉に最も近い選択肢を「積極法」によって選ぶ。[注2]

手順❹　答えが決まらない場合、最もマイナス点の少ない選択肢を正解として選ぶ。[注3]

B：本文全体に関する問題（④内容正誤問題）

手順❶ 本文と選択肢の照らし合わせを行い、「消去法」で選ぶ。［注2］

手順❷ 答えが決まらない場合、最もマイナス点の少ない選択肢を正解として選ぶ。［注3］

［注1］〈予想解答〉の作り方は、傍線部に関する問題（①内容説明問題／②理由問題／③気持ち問題）のパターンによって異なる。どのパターンの問題なのかを正しく理解し、パターンごとの解き方にしたがって〈予想解答〉を作ること。

［注2］「消去法」では次の（1）〜（5）に注意する。

（1）「スラッシュ作戦」で選択肢をいくつかの部分に分け、それぞれの部分ごとに正否を判断する。

（2）記憶で解かずに、必ず本文と選択肢を照らし合わせながら選択肢を吟味する。

（3）「本文と違っていること（チガ）」「本文に書かれていないこと（ナシ）」「聞かれている内容と関係のないこと（ズレ）」「言い過ぎ表現（スギ）」「時系列の前後の誤り（マエ、アト）」には×をつける。

（4）選択肢を短く区切って、照らし合わせの正確さをアップさせる。

（5）本文から読み取れるかどうか迷うものには△をつけて保留にする。

［注3］このとき、次の（6）（7）に注意する。

（6）△について、本文の言いかえ表現として正しいかどうかをもう一度確認する。

（7）△の選択肢を互いに比較をして、より適切な方を正解として残す。

第三章

選択肢問題・演習編

【練習問題1】　次の文章を読んで、後の問いに答えなさい。　筆者は幼稚園の園長です。（女子学院中二〇二〇年・改）

子どもの世界にいると、いつも驚きや発見でいっぱいだ。私が幼稚園に入園、いや就任した入園式のとき、こんなことがあった。年少児は初めての幼稚園に慣れず、そこら中で「ママー！」とか「やだー！」という叫び声や泣き声が聞こえていた。そういう私自身も園児たちとの触れ合いはほぼ初めてで内心はどう接してよいかドギマギしていた。

そんな時、入園したばかりの女の子が何かを拾って私のところに駆け寄り、①目をまん丸にして「これ、何？」といって見せてくれた。それは一枚の桜の花びらだった。園庭の桜が満開だったので、花びらが落ちていても珍しくもないと思ったが、その子があまりに目を輝かせて驚いているので、「きれい、なんだろね」と一緒に驚いていると、他の園児たちも集まってきて、「きれいな色！」「かわいい！」などと騒ぎはじめた。なかには「これは桜の花びらだよ」と分かっている子もいたが、はじめて桜の花びらを見る子どもにとっては、きっと宝物でも見つけたような気分だったのだろう。すると桜の花びらを持ってきてくれた子が、「これすごくきれいだから先生にあげるね」と言って、私にプレゼントしてくれたのだ。

桜の花は確かに美しいが、毎年当たり前に咲くと思っている大人の見方と、初めてその美しさを発見する子どもとで、その美しさはどう違って見えるのだろう。

また、こんなこともあった。ある時、数人の園児が私の耳元に何かを持ってきて、「先生、ほら」と、カサカサと音をたてたのである。何かと思ったら、葉っぱや小枝をクルクルと回し、耳元でその音を聞いてケラケラと笑っているのだ。大人である私なら、葉っぱは葉っぱ、枝は枝にしか見えないが、子どもはそれを一瞬にして楽器にしてしまう。

またある時、園庭の真ん中で園児が一人でピョンピョンと飛び跳ねていた。それも時折リズムが違うので不思議に思っていたら、幼稚園近くの建築中の家から聞こえてくるトンカチの「トン・ト・ト・トーン……」という音にあわせて飛び

跳ねていたのである。

子どもが音楽を聴く時は、決して耳だけでは聴いていないのである。音に合わせて跳ねるかもしれない。手足をバタバタさせて地べたに転がるかもしれない。奇声を発するかもしれない。頭のてっぺんから足のつま先まで、全身で自由に表現する。聴いた音を聴いたままに受け入れる。全身が音楽になりきってしまうのである。だから音楽の上手い下手もない。

（中略）

登園する前の私は、「今日はあれやんなきゃ、これやんなきゃ」と積み重なった仕事が心配で憂鬱な気分になることもあるが、②子どもたちと遊ぶだけで頭がカラッポになり、自宅に戻るときには「なんにも……」といった心境になる。すると、なんだか無条件に人生が満たされているような気分になるから不思議だ。

どうやって計測したか知らないが、幼児期の子どもたちは一日に平均三〇〇回笑うらしい。それに対して大人は一日に平均一五回だという。ちなみに私はこれを書いている本日午後三時の時点でまだ一回だけ……。平均値まであと一四回かと思うと、ますます笑えなくなる。

それはともかく、三〇〇対一五というのが子どもと大人の世界を分ける差だ。この大きな開きは一体何だろう。大人の世界はそんなにも楽しみが少ないのだろうか。それとも大人になると感受性が鈍くなるのか。

いや、大人だって子ども以上に人生の楽しみはあるし、感受性だって枯れてはいない。むしろ子ども以上に人生を深く味わって生きているじゃないか。でも、笑う回数となると、確かに大敗を認めざるを得ない。

その差の理由はいろいろ考えられるかもしれないが、③一番大きな理由は、「いまここ」を生きる子どもと「いまここ」を生きられない大人の差からくるのだろう。幼児心理学では、子どもには時間という概念が希薄で、常に「今」だけを生きていると言われている。確かに自分の子どもの頃を思い出すと、過去や未来を考えず、とにかく一日が永遠のように長く感じられた。だから笑うときには他のことを一切考えず、今楽しければ今笑う。

ところが、大人になるにつれて思考力が身につくと、「次はこれしなきゃ」「こうしてはいられない」と時間にとらわれて、今必要ではない別のことをあれこれ考えて深刻になってしまう。身体は「いまここ」にあっても、頭の中は先のことばかり。楽しいことがあっても笑えなくなってしまう。

（中略）

④次の絵をご覧いただきたい。私が幼稚園教員免許（めんきょ）を取得するために学んだ教科書に載（の）っていたものだ。今でも子どもと接するときには、常に念頭に置いている座右の書ならぬ、座右の絵になっている。

一体どんな絵かと言うと、ある幼稚園で三歳の子どもが書いた自画像だという。もし皆さんのご家庭に三歳の子どもがいたとして、「これボクだよ」「ワタシだよ」と持ってきたらどんな反応を示すだろうか。

表面上は「うまく描（か）けたね」と言うかもしれないが、内心は、「なぜ白目なの？」「顔はもっと丸いでしょ」「はやく絵画教室に通わせなきゃ」などと思うかもしれない。

でも、担任の先生は、この子どもは何を伝えようとしているのかと思い、直接尋（たず）ねてみたところ、「ぼく、おひるねしたよ」という思いがけない言葉が返ってきたという。つまり、昼寝（ね）をしているのだから、当然、目の玉はなくていいのである。さらにこの子どもは、「寝ているときは横向きになっているよ」と言ったそうだ。それだから体が横に伸（の）びている。

そしてまた「寝ているときはおしゃべりしないから口を閉じてるよ」「口は閉じていても鼻でちゃんと息をしてるから大丈夫だよ」と事細かく説明してくれたそうだ。

（阿純章（おかじゅんしょう）『「迷子」のすすめ』春秋社刊）

【問一】　傍線部①「目をまん丸にして」とありますが、このときの女の子についての説明として最も適切なものを次から選びなさい。

ア　あまりの楽しさにいきいきしている。
イ　あまりの美しさに驚いている。
ウ　あまりの不思議さに用心している。
エ　あまりの騒がしさに緊張している。
オ　あまりの珍しさに見入っている。

【問二】　傍線部②「頭がカラッポになる」とはどういうことですか。最も適切なものを次から選びなさい。

ア　子どもの遊び方にあまり慣れていないので、体が疲れて気も抜けてしまう。
イ　子どもが実に楽しそうに遊ぶので、自分がつまらなく思えて情けなくなる。
ウ　子どもの遊び方が本当に自由なので、驚いて何のアイデアも浮かばなくなる。
エ　子どもがとても夢中になって遊ぶので、日々の心配事を忘れてしまう。

【問三】　傍線部③「『いまここ』を生きる子ども」の様子として、最も適切なものを次から選びなさい。

ア　明日素敵なペンを買ってもらうのを待てずに、棒きれでもよいので今地面に絵を描きたがる。
イ　大人になったらとても忙しくなるので、今のうちに心ゆくまで遊んでおこうとする。
ウ　運動会で一等賞をとるために、本当はやりたくない練習でも毎日一生懸命がんばる。
エ　昨日弟におやつをあげてほめられたことがうれしかったので、今日は妹におやつをあげる。

65

【問四】 傍線部④「次の絵」にあたるものを選びなさい。（出題の都合上、一部加工してあります。）

ア　イ　ウ　エ

【練習問題1／問一／解説】

傍線部①「目をまん丸にして」いるときの女の子についての説明を選ぶ問題です。パターンで分類すれば、《内容説明問題》にあたります。練習問題の初めなので、確認しながら進みましょう。

《内容説明問題》とは、傍線部や本文内容について「○○とはどういうことですか」「○○は何ですか」と問うタイプの問題で、傍線部や問われている内容とイコール（＝）の関係にあることがらを選ぶ問題でしたね。

算数でいえば、

「（女の子は）目をまん丸にしている」＝○○

の関係が成り立つような○○を選びなさいという問題です。

では、手順を確認しながら考えてみましょう。

手順❶　《傍線部のルール》により、傍線部を正しく理解する。

傍線部のルール❸　傍線部内の指示語・比喩・わかりにくい表現は具体化して言いかえる　によって「目をまん丸にして」をわかりやすく言いかえてみましょう。「目を丸くする」とは「驚いて目を見張る」ことですから、傍線部①「目をまん丸にして」＝「驚いて目を見張って」と言いかえることができます。

手順❷　本文をもとに、《予想解答》を作る。

手順❶で考えたように、「目をまん丸にして」＝「驚いて目を見張って」ということですから、これがおおよその〈予

想解答〉になりますが、本文には、

・その子があまりに目を輝かせて驚いているので、「きれい、なんだろね」と一緒に驚いていると（6行目）

・他の園児たちも集まってきて、「きれいな色！」「かわいい！」などと騒ぎはじめた（6〜7行目）

とあります。ですから、これらの本文をもとに、もう少し詳しい〈予想解答〉を考えてみると、〈桜の花びらがきれいなので、目を輝かせて驚いている〉といったところになるかと思います。

ただ、〈予想解答〉というものは、さほど厳密なものでなくとも構いません。〈予想解答〉を作るのは、あくまで正しい選択肢を選ぶための「手段」であって、〈予想解答〉を作ること自体が「目的」ではないからです。〈予想解答〉を作るのに時間がかかり、肝心の選択問題を解く時間がなくなってしまっては本末転倒です。ですから、〈予想解答〉はざっくりと作ればよいです。だいたいでよいのです。（もちろん、〈予想解答〉は紙などに書く必要はありません。頭の中で考えればよいです）

手順❸ 「消去法」を使いながら、〈予想解答〉に最も近い選択肢を「積極法」によって選ぶ。

〈予想解答〉＝〈桜の花びらがきれいなので、目を輝かせて驚いている〉と比べながら、スラッシュ作戦で選択肢をいくつかに区切って選んでいきます。はっきり〇とも×ともいえないところは、△で保留にしておいて構いません。

　　　　　△
ア　あまりの楽しさに／
　　　　　　　　　　△
　いきいきしている。

68

オ　あまりの珍しさに／見入っている。△
エ　あまり×の騒がしさに／緊張している。チガ
ウ　あまり×の不思議さに／用心している。チガ
イ　あまりの美しさに／驚いている。○　×チガ

選択肢「ア」と迷うかもしれませんが、本文をもとに〈予想解答〉を作っていれば、選択肢「イ」が最も適切なものだとわかりますね。なお、本書の【解説】では、間違いの理由を説明するために「チガ」「ナシ」「ズレ」「スギ」などの分類を明記していますが、受験生が問題を解く際にはそれらをいちいち記入する必要はありません。間違っている部分には単に「×」とだけ書けばよいでしょう。また、正しいと思う部分には「○」、正しいかどうかわからないところには「△」と書きます。以上はすでに説明したことですが、【練習問題】の最初なので、念のため確認しておきます。

【解答／問二】

イ

【問二／解説】

「『頭がカラッポになる』とはどういうことですか」と問われていますので、問一と同じく《内容説明問題》ですね。

算数でいえば、

「頭がカラッポ」＝「〇〇」

の関係が成り立つような〇〇を選びなさいという問題です。

このように、**傍線部や問われていることとイコール（＝）の関係が成り立つものを選ぶ問題が《内容説明問題》で**した。

さて、手順に従って解いてみましょう。

手順❶ 《傍線部のルール》により、傍線部を正しく理解する。

傍線部のルール❸ **傍線部内の指示語・比喩・わかりにくい表現は具体化して言いかえる**によって、傍線部の「頭がカラッポになる」の部分を言いかえます。また、**傍線部のルール❶** **傍線部を含む一文は丁寧に読む**より、傍線部直前の逆接の接続語「が」に着目してください。

・登園する前の私は、「今日はあれやんなきゃ、これやんなきゃ」と積み重なった仕事が心配で憂鬱な気分になることもある**が、**……（23～24行目）

逆接の「が」は、前と後が反対の内容になっていることを表していますね。（接続語に着目して読むことは大切ですよ）

すると、傍線部内の「頭がカラッポになる」というのは、傍線部の前の内容と反対の内容になっているわけですから、

「今日はあれやんなきゃ、これやんなきゃ」と積み重なった仕事が心配で憂鬱な気分

⇩

70

「頭がカラッポになる」

とわかりますね。つまり「頭がカラッポになる」とは、「仕事の心配がなくなって清々しい気分になる」といったことなのでしょう。ちなみに、傍線部の直後に、

という「プラス（＋）」の内容があることからも、「頭がカラッポになる」は、プラスの内容だと推察できます。

・すると、なんだか無条件に人生が満たされているような気分になるから不思議だ。（24〜25行目）

手順❷　本文をもとに、〈予想解答〉を作る。

手順❶で考えたように、「頭がカラッポになる」とは〈仕事の心配がなくなって清々しい気分になる〉ということ。これが〈予想解答〉になります。この〈予想解答〉をもとに、これに最も近い選択肢を選んでいきましょう。

手順❸　「消去法」を使いながら、〈予想解答〉に最も近い選択肢を「積極法」によって選ぶ。

〈予想解答〉＝〈仕事の心配がなくなって清々しい気分になる〉と比べながら、スラッシュ作戦で選択肢を区切りながら見ていきます。

ア　子どもの遊び方にあまり慣れていないので、△／体が疲れて気も抜けてしまう。×〈チガ〉

イ　子どもが実に楽しそうに遊ぶので、／自分がつまらなく思えて情けなくなる。

ウ　子どもの遊び方が本当に自由なので、／驚いて何のアイデアも浮かばなくなる。

エ　子どもがとても夢中になって遊ぶので、／日々の心配事を忘れてしまう。

選択肢の前半部分は本文からはっきりと読み取れないため△ですが、後半部分は「エ」が最も〈予想解答〉に近いことがわかりますね。〈予想解答〉とまったく同じではありませんが、「エ」は〈予想解答〉と同様の内容の選択肢と考えることができます。「エ」以外の選択肢の後半部分は、明らかに〈予想解答〉と違っていますから「チガ」の×です。

したがって、正解は「エ」になります。

〈予想解答〉と選択肢がぴったりと一致することはなかなかありませんが、それが普通です。今回のように、〈予想解答〉を言いかえた選択肢を選ぶという意識が大切です。

正しい選択肢を選ぶための基準です。〈予想解答〉はあくまで、

【問三／解説】

「『いまここ』を生きる子ども」の様子を選ぶ問題ですが、これも《内容説明問題》ですね。

「『いまここ』を生きる子ども」＝「○○」の○○に当てはまる選択肢を選ぶという問題です。

手順❶　〈傍線部のルール〉により、傍線部を正しく理解する。

まず、「『いまここ』を生きる」とはどういうことなのでしょう。このとき、

傍線部のルール❸　傍線部内の指示語・比喩・わ

かりにくい表現は具体化して言いかえるによって言いかえてみます。このとき、

傍線部のルール❹　傍線部内の言葉

と同じ言葉・似た言葉に注目するにより、傍線部内の「いまここ」「子ども」と同じ言葉（似た言葉）を本文に探し

ていくと、

・子どもには時間という概念が希薄で、常に「今」だけを生きている（35〜36行目）

・過去や未来を考えず（36行目）

という部分が見つかります。すると、「『いまここ』を生きる」とは「過去や未来を考えず、常に『今だけ』を生きている」ということでしょう。したがって、傍線部③「『いまここ』を生きる子ども」とは「過去や未来を考えず、常に『今だけ』を生きている子ども」という意味だとわかりますね。

手順❷　本文をもとに、〈予想解答〉を作る。

〈予想解答〉は、手順❶で考えた通り、〈過去や未来を考えず、常に『今だけ』を生きている子ども〉ですね。

手順❸　〔消去法〕を使いながら、〈予想解答〉に最も近い選択肢を〔積極法〕によって選ぶ。

スラッシュで選択肢を区切りながら、〈予想解答〉＝〈過去や未来を考えず、常に『今だけ』を生きている子ども〉に最も近い選択肢を選んでいきます。

ア 明日素敵なペンを買ってもらうのを待てずに、／棒きれでもよいので今地面に絵を描きたがる。

イ 大人になったらとても忙しくなるので、／今のうちに心ゆくまで遊んでおこうとする。
　　×／チガ　　　　　　　　　　　　　　　　　×／チガ

ウ 運動会で一等賞をとるために、／本当はやりたくない練習でも毎日一生懸命がんばる。
　　×／チガ　　　　　　　　　　　　　　　　×／チガ

エ 昨日弟におやつをあげてほめられたことがうれしかったので、／今日は妹におやつをあげる。
　　　　　　　　　　　　　　　　　　×／チガ

「ア」の選択肢は、前半「明日素敵なペンを買ってもらうのを待てずに」も、後半「棒きれでもよいので今地面に絵を描きたがる」も、〈予想解答〉の〈過去や未来を考えず、常に『今だけ』を生きている子ども〉の様子を表していることがわかりますね。

「イ」「ウ」は未来のことを考えて現在を生きる子どもの様子、「エ」は過去によって影響を受けている子供の様子ですから×です。

【解答／問三】

ア

- - - - - - - - - - - - - - - -

【問四／解説】
　この問いは、敢えて分類するとしたら《内容説明問題》にあたりますが、特にこだわらなくてもよいでしょう。
　また、傍線部④「次の絵」という言葉の意味もわかりきっていますから、手順❶も必要ありませんね。

74

手順❷　本文をもとに、〈予想解答〉を作る。

さて、本文の次のような記述から「次の絵」にあたるものがわかりそうです。

・昼寝（ね）をしているのだから、当然、目の玉はなくていいのである。（49〜50行目）

・さらにこの子どもは、「寝ているときは横向きになっているよ」と言ったそうだ。それだから体が横に伸（の）びている。（50行目）

・「寝ているときはおしゃべりしないから口を閉じてるよ」「口は閉じていても鼻でちゃんと息をしてるから大丈夫だよ」（51〜52行目）

これらから、〈予想解答〉は〈目玉はなく、体が横に伸び、口は閉じていて、鼻がある〉という絵になりますね。

手順❸　[消去法] を使いながら、〈予想解答〉に最も近い選択肢を [積極法] によって選ぶ。

したがって、〈予想解答〉にあてはまる絵は [ウ] の絵だとわかります。

【解答／問四】

ウ

次の文章は菊池寛「マスク」の一節で、主人公の「自分」は心臓に不安を持っています。これを読んで、後の問いに答えなさい。（東邦大東邦中　二〇一九年・改）

「用心しなければいけませんよ。火事の時なんか、駈け出したりなんかするといけません。この間も、元町に火事があった時、水道橋で衝心をおこして死んだ男がありましたよ。呼びに来たから、行って診察しましたがね。非常に心臓が弱いくせに家から十町ばかりも駈け続けたらしいのですよ。あなたなんかも、用心しないと、いつコロリと行くかもしれませんよ。第一けんかなんかをして興奮してはだめですよ。熱病も禁物ですね。チフスや流行性感冒にかかって、四十度位の熱がもう三四日も続けばもう助かりっこはありませんね。」

この医者は、少しも気休めやごまかしをいわない医者だった。が、うそでもいいから、もっと気休めがいってほしかった。これほど、自分の心臓の危険が、露骨に述べられると、自分は一種味気ない気持がした。

「何か予防法とか養生法とかはありませんかね。」と、自分が最後の逃げ路を求めると、

「ありません。ただ、脂肪類を喰わないことですね。肉類や脂っこい魚などは、なるべく避けるのですね。たんぱくな野菜を喰うのですね。」

自分は「① オヤオヤ。」と思った。喰うことが、第一の楽しみといってもよい自分には、こうした養生法は、致命的なものだった。

こうした診察を受けて以来、生命の安全が刻々におびやかされているような気がした。殊に、ちょうどその頃から、流行性感冒が猛烈な勢いで流行りかけて来た。医者の言葉に従えば、自分が流行性感冒にかかることは、すなわち死を意味していた。その上、その頃新聞に頻々とのせられた感冒についての、医者の話の中などにも、心臓の強弱が、勝負の別れ目といったような、意味のことが、幾度もくり返されていた。

自分は感冒に対して、おびえ切ってしまったといってもよかった。自分はできるだけ予防したいと思った。最善の努力を払って、かからないように、しようと思った。他人から、臆病と笑われようが、かかって死んではたまらないと思った。

自分は、極力外出しないようにした。妻も女中も、なるべく外出させないようにした。そして朝夕には過酸化水素水で、うがいをした。やむを得ない用事で、外出するときには、ガーゼを沢山つめたマスクをかけた。そして、出る時と帰った時にていねいにうがいをした。

それで、自分は万全を期した。が、来客のあるのは、仕方がなかった。風邪がやっとなおったばかりで、まだ咳をしている人の、訪問を受けたときなどは、②自分の心持ちが暗くなった。自分と話していた友人が、話している間に、段々熱が高くなったので、送り帰すと、その後から四十度の熱になったという報知を受けたときには、二三日は気味が悪かった。

毎日の新聞に出る死亡者数の増減によって、自分は一喜一憂した。日ごとに増していって、三千三百三十七人まで行くと、それを最高の記録として、わずかばかりではあったが、だんだん減少し始めたときには、自分はホッとした。友人はもとより、妻までが、自分の臆病を笑った。自分も少し神経衰弱の*ヒポコンデリアの恐病症にかかっていると思った。が、感冒に対する自分の恐怖は、どうにもまぎらすことの出来ない実感だった。

三月に、入ってから、寒さが一日一日と、引いて行くに従って、感冒の脅威も段々衰えて行った。もうマスクをかけている人はほとんどなかった。が、自分はまだマスクを除けなかった。二月いっぱいはほとんど、外出しなかった。

「病気を怖れないで、伝染の危険を冒すなどということは、それは野蛮人の勇気だよ。病気を怖れて伝染の危険を絶対に避けるという方が、③文明人としての勇気だよ。だれも、もうマスクをかけていないときに、マスクをかけているのは変なものだよ。が、それは臆病でなくして、文明人としての勇気だと思うよ。」

77

自分は、こんなことをいって友達に弁解した。また心の中でも、幾分かはそう信じていた。

三月の終わり頃まで、自分はマスクを捨てなかった。もう、流行性感冒は、都会の地を離れて、山間僻地（へきち）へ行ったというような記事が、時々新聞に出た。が、自分はまだマスクを捨てなかった。もうほとんどだれも付けている人はいなかった。が、たまに停留所で待ち合わしている乗客の中に、一人位黒い布きれで、鼻口（はな）をおおうている人を見付けだした。自分は、非常に頼もしい気がした。ある種の同志であり、知己（ちき）であるような気がした。自分は、そういう人を見付けだすごとに、自分一人マスクを付けているという、一種のてれくささから救われた。自分が、真の意味での衛生家であり、生命を極度に愛惜（あいせき）する点において一個の文明人であるといったような、誇りをさえ感じた。

四月となり、五月となった。

さすがの自分も、もうマスクを付けなかった。ところが、四月から五月に移る頃であった。また、流行性感冒（じゅうぶん）が、ぶり返したという記事が二三の新聞に現れた。自分は、イヤになった。四月も五月もになって、まだ充分に感冒の脅威から、ぬけ切れないということが、たまらなく不愉快（ふゆかい）だった。

が、さすがの自分も、もうマスクを付ける気はしなかった。日中は、初夏の太陽が、いっぱいにポカポカと照らしている。どんな口実があるにしろ、マスクを付けられる義理ではなかった。新聞の記事が、心にかかりながら、時候の力が、自分を勇気付けてくれていた。

ちょうど五月の半ばであった。シカゴの野球団が来て、早稲田（わせだ）で仕合（しあい）が、連日のように行われた。帝大の仕合（ていだい）があった。自分は久しぶりに、野球が見たい気になった。学生時代には、好球家の一人であった自分も、この一二年は

その日は快晴といってもよいほど、よく晴れていた。青葉におおわれている目白台の高台が、見る目にさわやかだった。自分は、終点で電車を捨てると、裏道を運動場の方へ行った。この辺の地理はかなりよくわかっていた。自分が、ちょうど運動場の周囲の柵（さく）に沿うて、入場口の方へ急いでいたときだった。ふと、自分を追いこした二十三四ばかりの青年があった。自分はふと、その男の横顔を見た。見るとその男は思いがけなくも、黒いマスクをかけているのだっ

65　　　　　　60

た。自分はそれを見たときに、ある不愉快な衝撃（ショック）を受けずにはいられなかった。それと同時に、その男に明らかな憎悪を感じた。その男が、なんとなく小憎らしかった。その黒く突き出ている黒いマスクから、いやな妖怪的（ようかいてき）な醜（ぞうお）さをさえ感じた。

この男が、不快だった第一の原因は、こんなよい天気の日に、この男によって、感冒の脅威を想起させられた事にちがいなかった。それと同時に、自分が、マスクを付けているときは、たまにマスクを付けている人に、あうことがうれしかったのに、自分がそれを付けなくなると、マスクを付けている人が、不快に見えるという自己本位的な心持ちも交じっていた。が、そうした心持ちよりも、さらにこんなことを感じた。自分がある男を、不快に思ったのは、強者に対する弱者の反感ではなかったか。あんなに、マスクを付けることに、熱心だった自分までが、時候の手前、それを付けることが、どうにも気はずかしくなっている時に、勇敢に傲然（ごうぜん）とマスクを付けて、数千人の人々の集っている所へ、押し出して行く態度は、かなり徹底（てってい）した⑤強者の態度ではあるまいか。とにかく自分が世間や時候の手前、やり兼ねていることを、この青年は勇敢にやっているのだと思った。この男を不快に感じたのは、この男のそうした勇気に、圧迫（あっぱく）された心持ちではないかと自分は思った。

（菊池寛　『マスク』より）

（注）　衝心＝急性の心臓の病気。

十町＝距離の単位。一町約１０９メートル。

チフス＝チフス菌の侵入（しんにゅう）によって起きる感染症。

流行性感冒＝インフルエンザ。

頻々（きん）と＝しばしば。

女中＝家事の手伝いなどをする女性。

恐病症＝実際には病気ではないのに、心身の不調になやみ、病気ではないかとおそれる状態。

愛惜と＝手放したり傷つけたりしないように大切にすること。

傲然と＝大きな態度で

【問一】傍線部①「オヤオヤ」とありますが、この言葉には「自分」のどのような気持ちがうかがえますか。もっとも適切なものを次のア～エの中から一つ選び、記号で答えなさい。

ア　本当だろうかという疑いの気持ち。

イ　困ったなあというとまどいの気持ち。

ウ　どうでもいいというあきらめの気持ち。

エ　何を言い出すのかというおどろきの気持ち。

【問二】傍線部②「自分の心持ちが暗くなった」とありますが、それはなぜですか。その理由としてもっとも適切なものを次のア～エの中から一つ選び、記号で答えなさい。

ア　もし感冒になったら、自分はこのような程度ではすまないような気がしたから。

イ　相手がせきをする様子を見て、どんなにかつらいだろうと気の毒になったから。

ウ　病気が治りきらないのに家に来るなんて、何と非常識な人なのだろうと思ったから。

エ　せっかく予防につとめているのに、相手から病気をうつされるような気がしたから。

【問三】　傍線部③　「文明人としての勇気」の説明としてもっとも適切なものを次のア～エの中から一つ選び、記号で答えなさい。

ア　周りの人の目をおそれることなく、マスクを付け続けること。

イ　感染の危険がなくなるまでは、マスクを手放さないでいること。

ウ　病気にかかる危険をかえりみず、マスクを外して生活すること。

エ　伝染病がさけられるという情報を信じて、マスクを着用すること。

【問四】　傍線部④　「さすがの自分も、もうマスクを付けなかった」とありますが、それはなぜですか。その理由としてもっとも適切なものを次のア～エの中から一つ選び、記号で答えなさい。

ア　暖かくなってきたおかげで、自分が健康を取りもどせたのがわかったから。

イ　感冒にというがんばりは、元々長く続けられるものではないから。

ウ　季節も変わって、もう感冒にかかる時期ではなくなっただろうと思ったから。

エ　新しい季節のおとずれによって、また別の心配事が発生してしまったから。

【問五】　傍線部⑤　「強者」とありますが、「自分」はなぜ「その男」を「強者」と考えたのですか。その理由としてもっとも適切なものを次のア～エの中から一つ選び、記号で答えなさい。

ア　人前でかなり目立つ姿でいられるのも、若さを持っているからで、若いというだけで全てが自分よりもまさっていると考えたから。

イ　何ごとにもこだわることのないかっこうをしているのを見て、心も体もがんじょうにできている人物にちがいないと考えたから。

ウ　マスク姿を周囲に見せることで、自分ほど健康に気をつけている人間はいない、という自信を示そうとしているのだと考えたから。

エ　人から何と思われようとかまわず、自分の思ったとおりのことをするのは、並たいていの精神力でできることではないと考えたから。

【問六】　本文の説明としてもっとも適切なものを次のア〜エの中から一つ選び、記号で答えなさい。

ア　他人の言動によって「自分」が自らの考えや行動を簡単に変えてしまういきさつが時をおってていねいにえがかれており、「自分」の行いが他人に与えた影響についても記されている。

イ　人にうつる病気というものがいかに人をこわがらせ、性格まで変えてしまうかということを、「自分」という人物を通してえがき出し、全ての人間にも共通することであると示している。

ウ　他の人物の内面にはふれず、全体を通じ「自分」の目を通してえがくことによって、内容に現実感が生まれ、だれにとっても自分自身がもっとも大事だという考え方に説得力を与えている。

エ　その時その時において生じた「自分」の心の動きについて、他人に対する悪感情を含めて、いつわることなく示されており、「自分」がいだいた気持ちについての細かな考察もなされている。

【練習問題2／問一／解説】

これは《気持ち問題》ですね。《気持ち問題》とは、主に物語文で問われる「○○の気持ちを答えなさい」「○○の心情を説明したものを選びなさい」といったタイプの問題です。したがって、本文中から登場人物の「気持ち」を読み取らなければならないのですが、普通、「うれしい」とか「悲しい」といったように、登場人物の「気持ち」が直接表されていることはあまり多くありません。よって、大抵は登場人物の「言動（セリフ、行動、表情）」や「情景描写」から登場人物の「気持ち」を読み取らなければなりません。**このとき、頭の中で映像化してイメージしてみることがコツです。**

また、多くの場合、《気持ち問題》の選択肢には、その「気持ち」になった「理由」も含まれています。選択肢の形として、「理由＋気持ち」になっているのですね。ですから、《気持ち問題》では、登場人物の「気持ち」だけでなく、なぜその「気持ち」になったのかという「理由」も読み取り、「理由＋気持ち」で〈予想解答〉を作らなければなりません。これらをまとめると、《気持ち問題》を解く際には、次の三つが不可欠だということがわかります。

（1）**言動・情景描写から「気持ち」を読み取る（映像化してイメージする）。**

（2）**その「気持ち」になった「理由」を読み取る。**

（3）**〈予想解答〉は「理由＋気持ち」で作る。**

一度説明した内容ですが、ここで改めて確認してみました。では、手順に従って解いていきましょう。

手順❶ 〈傍線部のルール〉により、傍線部を正しく理解する。

傍線部①「オヤオヤ」というのは、「失望したり、あきれたりする場合に使う言葉」ですね。（傍線部のルール❸

傍線部内の指示語・比喩・わかりにくい表現は具体化して言いかえる）本問の場合、医者に予防法や養生法を尋ねたところ「脂肪類を喰わないこと」と言われて「オヤオヤ」と思っているので、「失望」というのが近いのでしょう。

手順❷ 本文をもとに、〈予想解答〉を作る。

《気持ち問題》の〈予想解答〉は「理由＋気持ち」で作ります。まず、手順❶より、「オヤオヤ」という言動から読み取れる「気持ち」は「失望」でしたね。では、失望した「理由」は何でしょう。これは本文の次のような箇所から読み取れます。

・喰うことが、第一の楽しみといってもよい自分には、こうした養生法は、致命的なものだった。（11〜12行目）

よって、自分が失望した「理由」は、「喰うことが第一の楽しみといってもよい自分にとって、脂肪類を喰わないという養生法は、死ぬほどつらいことだったから」といったところでしょう。ちなみに「致命的」とは「死・滅亡・失敗の原因となるさま。取り返しのつかないほど重大なさま」の意味ですが、ここでは「死ぬほどつらいさま」くらいの意味として使われているものと思われます。したがって、「理由＋気持ち」の形で〈予想解答〉を考えると、〈喰うことが第一の楽しみといってもよい自分にとって、脂肪類を喰わないという養生法は死ぬほどつらいことだったから、失望した〉くらいになるのではないでしょうか。つまり、もう少し簡単に、くだけた言い方をすると、〈肉や脂

84

っこい魚などを避けて野菜を食べるように言われて、がっかりした〉ということでしょう。

手順❸　「消去法」を使いながら、〈予想解答〉に最も近い選択肢を「積極法」によって選ぶ。

〈予想解答〉＝〈喰うことが第一の楽しみといってもよい自分にとって、脂肪類を喰わないという養生法は死ぬほどつらいことだったから、失望した〉＝〈肉や脂っこい魚などを避けて野菜を食べるように言われて、がっかりした〉

と比べながら、スラッシュ作戦で×をつけていきます。

ア　本当だろうかという／疑いの気持ち。
　　×チガ　　　　　　　　　△

イ　困ったなあという／とまどいの気持ち。
　　×チガ　　　　　　　　×チガ

ウ　どうでもいいという／あきらめの気持ち。
　　×チガ　　　　　　　×チガ

エ　何を言い出すのかという／おどろきの気持ち。
　　×チガ　　　　　　　　×チガ

選択肢「イ」の「とまどい」は、予想解答の「失望」とはやや異なりますが、「困ったなあ」というところに「失望」の感じが出ていますから、選択肢「イ」が〈予想解答〉に最も近い選択肢と言えると思います。このように、選択肢問題では、〈予想解答〉とぴったり合う選択肢がなくとも、それに一番近い選択肢を正解として選んでいくという考え方でよいです。

85

【問二／解説】

これは《理由問題》ですね。《理由問題》とは、「○○はなぜか」「○○の理由は何か」というタイプの問題でした。

つまり、ものごとの「因果関係（原因と結果の関係）」として正しい「原因・理由」の選択肢を選ばせる問題です。

ちなみに「原因・理由」とは何だったか、覚えていますか。

「原因・理由」 ＝ 「結果」を直接的に生み出しているもの

でしたね。では、手順にしたがって考えてみましょう。

手順❶　《傍線部のルール》により、傍線部を正しく理解する。

傍線部②「自分の心持ちが暗くなった」は特に難しくないので、そのまま理解すればよいでしょう。要するに、暗い気持ちになったのですね。

手順❷　本文をもとに、〈予想解答〉を作る。

《理由問題》での〈予想解答〉の作り方をもう一度おさらいしておきましょう。次の二つの手順で作ります。

（1）「○○はなぜか」「○○の理由を説明しなさい」の○○を「結果」とする。

　　（傍線部が「結果」になっていることが多い）

（2）　「結果」に対する「原因・理由」を本文中から読み取る。

《理由問題》ではまず、「結果」が何に当たるのかを正しくつかまえておかねばなりません。でなければ「原因・理由」がずれてしまう可能性があるわけです。

「結果」とは、設問の「○○はなぜか」「○○の理由は何か」の○○の部分のことでしたね。多くの場合、傍線部が「結果」になっています。本問でも傍線部②「自分の心持ちが暗くなった」が「結果」です。

さて次に、「結果」に対する「原因・理由」を本文中から読み取ります。ですから、「自分の心持ちが暗くなった」という「結果」

《「原因・理由」＝「結果」を直接的に生み出しているもの》

を直接的に生み出しているものは何か、と考えます。

・自分は感冒に対して、おびえ切ってしまったといってもよかった。自分はできるだけ予防したいと思った。最善の努力を払って、かからないように、しようと思った。

と思った。

・自分は、極力外出しないようにした。妻も女中も、なるべく外出させないようにした。そして朝夕には過酸化水素水で、うがいをした。やむを得ない用事で、外出するときには、ガーゼを沢山つめたマスクをかけた。そして、出る時と帰った時にていねいにうがいをした。他人から、臆病と笑われようが、かかって死んではたまらない

・それで、自分は万全を期した。（17〜23行目）

「自分」は右のように、感冒に対してできるだけ予防をしようと思い、自分だけでなく、妻や女中にもできるだけ外出させないなど、感冒予防に万全を期していたのですね。ところが、

・が、来客のあるのは、仕方がなかった。風邪がやっとなおったばかりで、まだ咳をしている人の、訪問を受けたときなどは、自分の心持ちが暗くなった（23〜24行目）

感冒予防に万全を期していた自分にとって、風邪がやっとなおったばかりで、まだ咳をしている人に訪問を受ければ、風邪をうつされてしまうかもしれません。したがって、「自分の心持ちが暗くなった」という「結果」を直接的に生み出しているものは、「風邪がやっとなおったばかりで、まだ咳をしている人に訪問を受ければ、風邪をうつされてしまうかもしれないという心配」だと読み取ることができそうです。

よって〈予想解答〉は〈感冒予防に万全を期しているのに、風邪がやっとなおったばかりで、まだ咳をしている人に訪問を受ければ、風邪をうつされてしまうかもしれないと心配したから〉といったところでしょう。もう少し簡単に考えると、〈感冒予防に万全を期しているのに、客から風邪をうつされるのが心配だったから〉くらいでも構いません。

前にも書きましたが、〈予想解答〉を作るのは、あくまで正しい選択肢を選ぶための「手段」です。〈予想解答〉を作ること自体が「目的」ではありません。ですから〈予想解答〉はざっくりと作ればよいと考えてください。

手順❸ 「消去法」を使いながら、〈予想解答〉に最も近い選択肢を「積極法」によって選ぶ。

〈予想解答〉＝〈感冒予防に万全を期しているのに、風邪がやっとなおったばかりで、まだ咳をしている人に訪問を受ければ、風邪をうつされてしまうかもしれないと心配したから〉＝〈感冒予防に万全を期しているのに、客から風邪をうつされるのが心配だったから〉と比べながら、スラッシュ作戦をしていきましょう。

ア　もし感冒になったら、／自分はこのような程度ではすまないような気がしたから。×（チガ（ナシ））

イ　相手がせきをする様子を見て、／どんなにかつらいだろうと気の毒になったから。×（チガ（ナシ））

ウ　病気が治りきらないのに家に来るなんて、／何と非常識な人なのだろうと思ったから。×（チガ（ナシ））

エ　せっかく予防につとめているのに、／相手から病気をうつされるような気がしたから。○

選択肢「ア」「イ」「ウ」は《予想解答》とかけ離れていますし（チガ）、本文にもまったく書かれていない（ナシ）ために×です。選択肢「エ」が《予想解答》に最も近いので、これが正解でしょう。

【解答／問二】　エ

【問三／解説】

傍線部③「文明人としての勇気」とはどういうことかについての正しい説明を選ぶ《内容説明問題》です。

手順❶　〈傍線部のルール〉により、傍線部を正しく理解する。

では、「文明人としての勇気」とは、どのようなことなのでしょう。

傍線部のルール❶ 傍線部を含む一文は丁寧に読む、さらには **傍線部のルール❹** 傍線部内の言葉と同じ言葉・似た言葉に注目する を使って、「文明人としての勇気」と同じ言葉・似た言葉を本文の他の部分に探すと、次のようにあります。

・病気を怖れないで、伝染の危険を冒すなどということは、それは野蛮人の勇気だよ。だれも、もうマスクをかけていないときに、マスクをかけているのは変なものだよ。が、それは臆病でなくして、**文明人としての勇気**だよ。だれも、もうマスクをかけていないときに、マスクをかけて伝染の危険を絶対に避けるという方が、病気を怖れて伝染の危険を絶対に避けるという方が、**文明人としての勇気**だと思うよ。（34〜36行目）

手順❷　本文をもとに、〈予想解答〉を作る。

右の部分から、「文明人としての勇気」とは、〈病気を怖れて伝染の危険を絶対に避け、もうだれもマスクをかけていないときに、変だとしてもマスクをかけていること〉だとわかりますね。これが〈予想解答〉になります。

手順❸　「消去法」を使いながら、〈予想解答〉に最も近い選択肢を「積極法」によって選ぶ。

ア　周りの人の目をおそれることなく、／マスクを付け続けること。
イ　感染の危険がなくなるまでは、／マスクを手放さないでいること。_{×チガ}
ウ　病気にかかる危険をかえりみず、／マスクを外して生活すること。_{×チガ} _{×チガ}
エ　伝染病がさけられるという情報を信じて、マスクを着用すること。_{×ナシ}

〈予想解答〉に最も近い選択肢は「ア」だとわかりますね。「イ」「ウ」「エ」はそれぞれ、〈予想解答〉と明らかに異なる部分を含んでいます。このように、〈予想解答〉を作って、それを基準に選択肢を選ぶことで「迷い」がなくなります。

【問四／解説】

手順❶　〈傍線部のルール〉により、傍線部を正しく理解する。

傍線部④の「さすがの自分」とはどんな「自分」なのかを確認しておきます。これはいままで見てきたように、「自分」が流行性感冒予防に万全を期していたことや、

・三月の終わり頃まで、自分はマスクを捨てなかった。もう、流行性感冒は、都会の地を離れて、山間僻地へ行ったというような記事が、時々新聞に出た。が、自分はまだマスクを捨てなかった。（38〜39行目）

と本文にあることなどから、「さすがの自分」＝「流行性感冒予防に万全を期し、感冒の流行が落ち着いた三月終わり頃にもマスクを捨てなかった自分」くらいに理解しておけばいいでしょう。

手順❷　本文をもとに、〈予想解答〉を作る。

さて、この問題は《理由問題》ですから、まずは「結果」を正しく理解しておかなければなりません。ちなみに【問二】でもやったように、まずは「結果」が何に当たるのかを正しく理解しておかなければなりません。多くの場合、傍線部が「結果」になっています。本問でも傍線部④「さすがの自分も、もうマスクを付けなかった」が「結果」です。

《原因・理由》＝「結果」を直接的に生み出しているもの》ですから、「さすがの自分も、もうマスクを付けなかった」という「結果」を直接的に生み出しているものは何か、と考えます。

・三月の終わり頃まで、自分はマスクを捨てなかった。もう、流行性感冒は、都会の地を離れて、山間僻地へ行ったというような記事が、時々新聞に出た。（38〜39行目）

まず、「自分」はマスクを捨ててはいませんでしたが、三月の終わり頃にはすでに感冒の流行は収まっていたということがわかります。

・もうほとんどだれも付けている人はいなかった。が、たまに停留所で待ち合わしている乗客の中に、一人位黒い布きれで、鼻口をおおうている人を見出した。自分は、非常に頼もしい気がした。ある種の同志であり、知己であるような気がした。自分は、そういう人を見付けだすごとに、自分一人マスクを付けているという、一種のてれくささから救われた。（39〜42行目）

・時候の手前、それを付けることが、どうにも気はずかしくなっている（64〜65行目）

また、右のあたりから、「自分」は、自分一人がマスクを付けているという状況を多少恥ずかしく思っていたこともわかりますね。

・日中は、初夏の太陽が、いっぱいにポカポカと照らしている。どんな口実があるにしろ、マスクを付けられる義理ではなかった。新聞の記事が、心にかかりながら、時候の力が、自分を勇気付けてくれていた。（47～49行目）

そしてさらに「自分」は、初夏の太陽が照らしている四月五月という季節から、マスクを付ける時期はとうに過ぎ去ったと考えていたことも読み取れます。

これらのことから、〈予想解答〉は、《三月の終わり頃にはすでに感冒の流行は収まっており、自分一人がマスクを付けているのも恥ずかしく、四月五月にマスクを付けるのは季節外れだと考えたから》くらいになるかと思います。

繰り返しになりますが、選択肢問題の〈予想解答〉は、ざっくりと、おおまかに考えるというくらいで構いません。

手順❸　「消去法」を使いながら、〈予想解答〉に最も近い選択肢を「積極法」によって選ぶ。

ア　暖かくなってきたおかげで、／自分が健康を取りもどせたのがわかったから。×ナシ

イ　感冒になるまいというがんばりは、／元々長く続けられるものではないから。×ナシ

ウ　季節も変わって、／もう感冒にかかる時期ではなくなっただろうと思ったから。○

エ　新しい季節のおとずれによって、／また別の心配事が発生してしまったから。×ナシ

選択肢「ア」「イ」「エ」の後半部分は、いずれも本文に書かれていないことですから「ナシ」で×です。

選択肢「ウ」では、「もう感冒にかかる時期ではなくなっただろうと思った」という言葉自体は本文にありませんが、おおよそ〈予想解答〉の言いかえになっていることがわかりますか。前にも書きましたが、選択肢問題の選択肢は、本文の言葉をそのまま使って作られるのではなく、たいていは本文を言いかえたものになっていることに注意してください。別の言い方をすれば、選択肢問題では、「本文の言葉とは違うけれど、これくらいなら同じことを言っているな」という「言いかえの幅」を意識することが大切です。本文の言葉がそのまま使われていないからといってすぐに×をつけてしまうと、間違えることがあります。「言いかえの幅」に慣れ、言いかえに惑わされなくなることも、選択肢問題を解くにあたっての必要な力になります。

【問五／解説】

これも《理由問題》です。傍線部⑤「強者」の意味は特に難しくはないので、手順❶は省いて手順❷から始めましょう。

手順❷　本文をもとに、〈予想解答〉を作る。

まず、「結果」に当たるのは「自分はその男を強者と考えた」ですね。ちなみに「その男」とは、

・ふと、自分を追いこした二十三四ばかりの青年があった。自分はふと、その男の横顔を見た。見るとその男は思い

がけなくも、黒いマスクをかけているのだった。（55〜57行目）

とあるような、「黒いマスクをした二十三四歳の青年」のことです。これは、

では、「自分はその男を強者と考えた」というその理由は何でしょうか。

傍線部のルール❶　傍線部を含む

一文は丁寧に読む

もふまえると、次のあたりから読み取れそうです。

・あんなに、マスクを付けることに、熱心だった自分までが、時候の手前、それを付けることが、どうにも気はずか

しくなっている時に、勇敢に傲然とマスクを付けて、数千人の人々の集っている所へ、押し出して行く態度は、かな

り徹底した強者の態度ではあるまいか。とにかく自分が世間や時候の手前、やり兼ねていることを、この青年は勇敢

にやっているのだと思った。（64〜67行目）

つまり、〈世間や時候の手前、自分は気はずかしくてマスクを付けなくなっているにもかかわらず、この青年はそ

うしたことに構わずマスクを付けている〉〈それが勇敢に思えたから〉というのでしょう。これが〈予想解答〉になります。

手順❸　「消去法」を使いながら、〈予想解答〉に最も近い選択肢を「積極法」によって選ぶ。

ア　人前でかなり目立つ姿でいられるのも、/若さを持っているからで、/若いというだけで全てが

自分よりもまさっていると考えたから。

イ　何ごとにも／こだわることのないかっこうをしているのを見て、／
　　　×スギ
　　心も体もがんじょうにできている人物にちがいないと考えたから。
　　　　　　　　　　　　　　　　　　　　　×ナシ

ウ　マスク姿を周囲に見せることで、／自分ほど健康に気をつけている人間はいない、／という
　　　　　　　　　　　　　　　　　×ナシ
　　自信を示そうとしているのだと考えたから。
　　　　×ナシ

エ　人から何と思われようとかまわず、／自分の思ったとおりのことをするのは、／並たいていの精神力でできる
　　ことではないと考えたから。

「だけ」「全て」「何ごとにも」といった言葉は言い過ぎなので、「スギ」で×になります。こうした「言い過ぎ言葉」
には常に注意してください。選択肢「エ」は〈予想解答〉に最も近く〈予想解答〉を言いかえた選択肢だとわかります。

【解答／問五】　エ

【問六／解説】
本問は、本文の説明としてもっとも適切なもの選ぶ《内容正誤問題》ですね。《内容正誤問題》では〈予想解答〉
を考える必要はありません。次の❶❷の手順で選択肢を選びます。

手順❶　本文と選択肢の照らし合わせを行い、「消去法」で選ぶ。
手順❷　答えが決まらない場合、最もマイナス点の少ない選択肢を正解として選ぶ。

容をもとに作られていることが多いですから、「記憶で解かずに、必ず本文と選択肢を照らし合わせながら選択肢を
吟味（ぎんみ）すること」が特に大切です。

スラッシュ作戦でいくつかに区切って考えることはいつも通りですが、《内容正誤問題》の選択肢は本文全体の内

ア　他人の言動によって「自分」が自らの考えや行動を簡単に変えてしまういきさつが／時をおってていねいにえ
　がかれており、／「自分」の行いが他人に与えた影響についても記されている。
　　　　　　　　　×スギ　　　　　　　　　　　×ナシ

イ　人にうつる病気というものがいかに人をこわがらせ、／性格まで変えてしまうかということを、／「自分」と
　いう人物を通してえがき出し、／全ての人間にも共通することであると示している。
　　　　　　　　　　　　　　　　　　　　×スギ　　　　　　　　　　　　×ナシ

ウ　他の人物の内面にはふれず、／全体を通じ「自分」の目を通してえがくことによって、／内容に現実感が生ま
　れ、／だれにとっても自分自身がもっとも大事だという考え方に説得力を与えている。
　　　×スギ　　　×スギ　　　×スギ

エ　その時その時において生じた「自分」の心の動きについて、／他人に対する悪感情を含めること
　なく示されており、／「自分」がいだいた気持ちについての細かな考察もなされている。

選択肢「ア」の「簡単に」や、選択肢「イ」の「全て」、選択肢「ウ」の「だれにとっても」「もっとも」は言い過
ぎなので、「スギ」で×をつけます。この時点で選択肢「エ」が正解の有力候補ですが、「エ」の内容が本文に合って
いるかどうかをしっかり確認しましょう。

たとえば、選択肢「エ」の「他人に対する悪感情を含めて」とは、次のあたりを指しているのでしょう。

・自分はそれを見たときに、ある不愉快な衝撃（ショック）を受けずにはいられなかった。それと同時に、その男に明らかな憎悪（ぞうお）

を感じた。その男が、なんとなく小憎(こにく)らしかった。（57〜58行目）

また、選択肢「エ」の『自分』がいだいた気持ちについての細かな考察もなされている」という部分も、

・自分は感冒に対して、おびえ切ってしまったといってもよかった。自分はできるだけ予防したいと思った。最善の努力を払(はら)って、かからないように、しようと思った。他人から、臆病(おくびょう)と笑われようが、かかって死んではたまらないと思った。（17〜19行目）

・この男が、不快だった第一の原因は、こんなよい天気の日に、この男によって、感冒の脅威を想起させられた事にちがいなかった。それと同時に、自分が、マスクを付けているときは、たまにマスクを付けている人に、あうことがうれしかったのに、自分がそれを付けなくなると、マスクを付けている人が、不快に見えるという自己本位的な心持ちも交じっていた。が、そうした心持ちよりも、さらにこんなことを感じた。自分がある男を、不快に思ったのは、この男が、強者に対する弱者の反感ではなかったか。あんなに、マスクを付けることに、熱心だった自分までが、時候の手前、それを付けることが、どうにも気はずかしくなっている時に、勇敢(ゆうかん)に傲然(ごうぜん)*とマスクを付けて、数千人の人々の集っている所へ、押し出して行く態度は、かなり徹底(てってい)した強者の態度ではあるまいか。とにかく自分が世間や時候の手前、やり兼(か)ねていることを、この青年は勇敢にやっているのだと思った。この男を不快に感じたのは、この男のそうした勇気に、圧迫(あっぱく)された心持ちではないかと自分は思った。（60〜68行目）

など、随所に見ることができますね。したがって、間違いなく選択肢「エ」が正しいと言えます。このように、《内容正誤問題》では、記憶で解かずに、選択肢と本文を丁寧(ていねい)に照らし合わせることが何より大切です。

また、スラッシュ作戦では、「読点（、）」や「文の意味」を目安に選択肢を区切って本文と照らし合わせを行いますが、**正確に照らし合わせることができないと感じる場合には、やや短めに区切ってみましょう。** 短めに区切ることで、一度に照らし合わせる情報量が減り、見落としが少なくなるので、照らし合わせの正確さがアップします。

【解答／問六】　エ

【練習問題3】 次の文章を読んで、後の問いに答えなさい。（早大学院中　二〇一九年・改）

初夏のゆうべ。

七人の美しい同じ年頃の少女がある邸の洋館の一室に集うて、なつかしい物語にふけりました。その時、一番はじめに夢見るような優しい瞳をむけて小唄のような柔かい調でお話をしたのは笹鳥ふさ子さんというミッションスクール出の牧師の娘でした。

——私がまだ、それは小さい頃の思い出でございます。父が東北の大きいある都市に出ておりましたので、私も母といっしょにその町に住んでおりました。その頃、母は頼まれて町の女学校の音楽の教師をつとめておりましたの、その女学校は古い校舎でして種々な歴史のある学校だったそうでしたの。

母はうす暗い講堂で古い古い古典的なクラシックピアノを弾き鳴らして毎日歌を教えていたのです。授業が毎日の午後に終りますと、母はそのピアノの蓋をして鍵をかけ、鍵を自分の袴の紐に結びつけて、家へ帰るのでした。

ある日のこと、校長室へ母は呼ばれました。白いひげのふさふさとした校長は、①変な顔をして母に申しました。

「貴女はあの講堂のピアノの鍵をお宅へおもちになりますか？たしかに」

と。母は「ハイ持って帰ります」と返事をしました。そうしますと校長は、ますますけげんな顔をして、「ハハア、たしかに鍵は貴女よりほかの人の手には渡さないのですか」といいます。母はおかしく思いまして、

「私よりほか誰もピアノの鍵は持ちません」

といいました。

校長は首を曲げて、何か考えておりましたが、やがて母に話しました。

「実は、あの講堂のピアノのことで不思議なことがあるのです。毎日放課後、生徒がみな校内から帰ってしまって校舎の

100

中は静かになってゆく、寄宿舎の生徒が自習を始める、すると、どうです、人ッ子ひとりいるはずのないあの講堂から、妙なるピアノの音が響き出るのです。はじめは寄宿舎の生徒たちも、誰かが鍵を先生から拝借して弾いているのかと思っ

たのですが、あんまり毎日の宵ごとに続くので怪しんだのです。放課後みだりに講堂で勝手にピアノを鳴らせるのも、

校則にはずれますからな」

と、遠まわしに校長は母をうたがっているらしいのです。母は放課後はたしかに銀色の鍵を自分で持ってかえります、ど

んな生徒にも秘密で貸してやるような、不公平なことはした覚えがないのですもの、その校長の話を聞いた時、どんなに

不快に思ったでしょう。

これは誰かが講堂に忍び入るのであろうか? でも鍵は私の手許にあるのに、どうしてピアノが弾けよう、母は考える

と、わからなくなりました。けれども、どうしてもピアノの鍵をあずかっている責任者として、自分のうたがいをはらさ

ねばなりません。

母は、どうしてもその不思議なピアノの音をたしかめようと決心しました。そして、その日の夕、私を連れて忍びやか

に女学校の庭に入りました。私と母は講堂の外の壁に身をひそめておりました。それは夏の日のことでしたから、庭のポ

プラやアカシヤの青葉が仄かな新月に黒い影を落として、水を打ったように庭は静かでした。私は母の手に抱きよせら

れて息をこらしていました。ああ、その時、講堂の中で、静かにピアノの蓋があく音がしました。そして、やがて、コロ

ン……コロン……と、水晶の玉を珊瑚の欄干から、振り落とすようなみじくもゆかしい楽曲の譜は窓からもれ出でま

した、それを聞いた時②母の顔色はさっと変りました。その楽曲は海杳かな伊太利の楽壇に名高い曲だったのです。

やがてピアノの調はやみました。小窓が音もなく開くと見る中に、すらっと脱け出た影、黄金の髪ブロンドの瞳!月

光に夢のように浮き出た③一人の外国少女の俤!私は思わず、「あっ」と声をあげようとしました、母はあわてて私を抱

きしめて注意しました。かの外国の少女は思わぬ物陰に人の姿をみとめたので吃驚したらしくちょっと立ち止まりまし

たが、やがて夕闇の空の彼方に儚なく消えゆくように姿を見失いました。

母は黙（だま）ってただ、ため息を吐（つ）くばかりでした。

母は翌日校長にたずねました。

「あの講堂のピアノは学校でお求めになったものですか？」

その時校長は申しました。

「いいえ、あのピアノは、よほど前のこと、伊太利（イタリ）の婦人で当地へ宣教師として来ていたマダム、ミリヤ夫人が病気でなくなられたのち記念として寄附（きふ）されたものです」

④母は、これを聞いて、ほほえみました。——翌日の夕、いつもよりははるかに高らかに哀（あわ）れふかくかの講堂のピアノは怪しき奏手の人の指によって鳴ったのを、母は校庭で聞きました。

あくる朝、母が登校して講堂に譜本を持って入りますと、ピアノの蓋の上に、香（かお）りもゆかしい北国の花、気高い鈴蘭（すずらん）の一房（ひとふさ）が置いてありました、そして、その花の根もとには赤いリボンで結びつけられた一つの銀の鍵（かぎ）がございました、その下に、うす桃色（もも）の封筒がはさんでありました。　母は轟（とどろ）く胸を、おし静めてひらきますと、＊鴛ペンの跡（あと）の匂（にお）い高く綺麗（きれい）な伊太利（イタリ）語で、

　感謝をささぐ。

　昨夜われを見逃（のが）したまえる君に。

　亡きマダム・ミリヤの子。オルテノ。

と、しるされてあったばかりでした。　母はそのとき鈴蘭の花に心からの接吻（せっぷん）をして⑤涙（なみだ）ぐみました。

そして、その日かぎりもう永久（とこしえ）に、夜ごとに鳴りし怪しいピアノの音は響（ひび）くことはありませんでした。

あとで聞けば、その近き日に故国に帰るため、その町を立ち去った異国の少女があったと伝えられました——

60

伊太利……。いまはあの戦いの巷にふみにじられた詩の国の空――に、優しきかのピアノの合鍵の主オルテノ嬢を、私は今もなお偲びます――

ふさ子さんのお話はかくて終りました。息をこらして聞きとれていた他の少女たちは、ほっと吐息をつきました。花瓦斯の光が静かに燃ゆるばかりで、誰ひとり言葉を出すものもなく、たがいに若い憧れに潤んだ黒い瞳を見かわすばかりでございました。

（吉屋信子「鈴蘭」より・一部改）

（注）ミッションスクール＝キリスト教の教えを広めるために設立された学校。

　　　寄宿舎＝生徒のため、学校が設立した共同宿舎。

　　　鵞ペン＝ガチョウの羽でつくったペン。

　　　花瓦斯＝明治時代に流行したガスをもちいた照明器具。

【問一】　傍線部①「変な顔」とは、この場合、どういう顔ですか。最も適切なものを選び、記号で答えなさい。

ア　うたがいをかくしもった顔。

イ　笑いをかみころそうとしている顔。

ウ　激しいいきどおりを必死でこらえる顔。

エ　同情の気持ちをおさえきれないでいる顔。

【問二】　傍線部②「母の顔色はさっと変りました」とありますが、なぜですか。最も適切なものを選び、記号で答えなさい。

ア　ピアノでは弾くのがふさわしくない曲であると思われたから。

イ　他国ではとても有名だが日本ではまだよく知られていない曲だったから。

ウ　学校の生徒でないものが秘密でピアノを弾いていることがわかったから。

エ　校長が言うとおり誰かがこっそりもう一つ鍵を作っていたことがわかったから。

【問三】　傍線部③「一人の外国少女」とありますが、どういう人物でしたか。その人物の説明として適切でないものを一つ選び、記号で答えなさい。

ア　戦争で荒廃することになる故国へ帰っていった人物。

イ　町の女学校にたのまれて音楽の教師をしていた人物。

ウ　学校に寄贈されたピアノの持ち主だった人物の子ども。

エ　宣教師として来日していて病気で亡くなった人物の子ども。

【問四】　傍線部④「母は、これを聞いて、ほほえみました」とありますが、それはなぜですか。最も適切なものを選び、記号で答えなさい。

ア　ピアノを弾いているのが亡き夫人をしたう人間だと理解できたから。

イ　ピアノは無理にでもそれをうけつぐ人の手にわたるべきだと考えたから。

ウ　ピアノは自分が考えていたよりもしっかりした人の物だったとわかったから。

エ　ピアノの音色をあれほど美しく出せるのは日本の少女では無理だと実感したから。

【問五】　傍線部⑤「涙ぐみました」とありますが、この「涙」はどういう気持ちの表れですか。最も適切なものを選び、記号で答えなさい。

ア　少女のピアノの音色を再び聞けないことを残念に思う気持ち。

イ　外国で母を亡くした身の上の少女のつらい心情を思いやる気持ち。

ウ　戦争がおわったばかりの故国に帰らざるをえない少女に同情する気持ち。

エ　あわただしいなかでも花を残していった少女の素早さに感動する気持ち。

傍線部①「変な顔」とはどういう顔かを問う《内容説明問題》ですね。「変な顔」という言葉自体にわかりにくいところはありませんので、手順❶は省略して、手順❷から考えましょう。

手順❷　本文をもとに、〈予想解答〉を作る。

「変な顔」とはどのような顔なのでしょうか。

によって「顔」という言葉を本文中に探すと、

> **傍線部のルール❹　傍線部内の言葉と同じ言葉・似た言葉に注目する**

・校長は、ますますけげんな**顔**をして　（12行目）

が見つかります。また、その少し後にある、次のような校長の様子からも推測できそうです。

・遠まわしに校長は母をうたがっているらしいのです　（22行目）

これらの部分から、校長の「変な顔」とは、〈母にうたがいを持った、納得のいかないような顔〉だとわかりますね。

これが〈予想解答〉になります。ピアノの鍵を持っているのは母しかいないため、校長は母が放課後、誰かにピアノを弾かせているのではないかとうたがっているのですね。ちなみに「けげんな」とは、「不思議で納得のいかない様子」を表しています。

手順❸　「消去法」を使いながら、〈予想解答〉に最も近い選択肢を「積極法」によって選ぶ。

本問の選択肢は短いため、スラッシュで区切る必要はないでしょう。

エ　同情の気持ちをおさえきれないでいる顔。
　　　　×チガ
ウ　激しいいきどおりを必死でこらえる顔。
　　　　×チガ
イ　笑いをかみころそうとしている顔。
　　　　×チガ
ア　うたがいをかくしもった顔。
　　　　○

〈予想解答〉をしっかりたてていれば、選択肢「ア」以外は明らかに間違いだとわかりますね。

【解答／問二】　ア

《理由問題》です。傍線部②「母の顔色はさっと変りました」にはわかりにくい言葉がありませんので、これも手順

❷から始めましょう。

手順❷　本文をもとに、〈予想解答〉を作る。

《理由問題》ですから、まずは「結果」にあたる部分を確認します。ここでは傍線部②「母の顔色はさっと変りました」が「結果」にあたりますね。では、その「原因・理由」は何でしょう。本文から探してみると、傍線部②のすぐ後にあります。

・その楽曲は海杏かな伊太利の楽壇に名高い曲だったのです。（33行目）

ここでの「その楽曲」とは、講堂の窓からもれ出てくるピアノの楽曲のことですね。つまり、母はその楽曲がイタリアの楽壇では有名な曲だとわかったのでしょう。したがって〈予想解答〉は、〈講堂の窓からもれ出てくるピアノの楽曲が、イタリアの楽壇で有名な曲だとわかったから〉といったところになるでしょうか。

手順❸　「消去法」を使いながら、〈予想解答〉に最も近い選択肢を「積極法」によって選ぶ。

ア　ピアノでは弾くのがふさわしくない曲であると思われたから。

イ　他国ではとても有名だが／日本ではまだよく知られていない曲だったから。
ウ　学校の生徒でないものが／秘密でピアノを弾いていることがわかったから。
エ　校長が言うとおり／誰かがこっそりもう一つ鍵を作っていたことがわかったから。

手順❹　答えが決まらない場合、最もマイナス点の少ない選択肢を正解として選ぶ。

❹も考えてみましょう。

選択肢「ア」は書かれていないので「ナシ」です。

選択肢「ウ」は本文に書かれてはいますが、これは後でわかったことで、母の顔がさっと変った理由にはなりません。したがって「アト」で×です。ただ、「アト」の選択肢は本文に書かれていることなので、間違いやすいです。要注意ですね。

選択肢「エ」の「誰かがこっそりもう一つの鍵を作っていた」というのは本文に全く書かれていませんし、読み取れもしませんから、「ナシ」で×です。

選択肢「イ」の前半部分「他国ではとても有名」は〈予想解答〉にかなり近いですね。ただ、後半部分「日本ではまだよく知られていない曲だった」は、はっきりと本文には書かれていません。ここが悩みどころです。今回は手順

今回は「ア」「ウ」「エ」にはっきり「×」がつきますから、「答えが決まらない」というほどではないかもしれませんが、念のため「答えが決まらない場合」の対処法をやっておきましょう。この場合、特に大切なのが、

△について、**本文の言いかえ表現として正しいかどうかをもう一度確認する。**

ということです。【練習問題2／問四】でやった「言いかえの幅」という考え方を思い出してみてください。

選択肢は普通、本文に書かれている言葉そのままではなく、それを言いかえて作られています。ですから、本文に書かれていない言葉が選択肢にあったとしても、「まあ、これくらいなら本文の言いかえとして当然読み取れるだろう」という判断が必要になります。選択肢問題で正解を選ぶときには、こうした「言いかえの幅」をある程度認める必要があるということですね。したがって、選択肢が△だと思った場合、それが本文の言いかえとして認められるかどうかをもう一度確かめてください。

今回の選択肢「イ」の後半部分「日本ではまだよく知られていない曲だった」は、確かに本文にはっきりとは書かれていません。ただ、

・その楽曲は海杳かな伊太利^{イタリー}の楽壇^{がくだん}に名高い曲だったのです。（33行目）

という部分から、「（日本では知られていないが）イタリアの楽壇では有名な曲だった」と、読めなくもありません。

この**「読めなくもない」という感覚、これが「言いかえの幅」を読み取るときの大切な感覚です**。今後、ぜひ意識してみてください。

したがって本問では、完全に○とは言い切れないかもしれませんが、傍線部②「母の顔色はさっと変^{かわ}りました」の理由として最も適切な選択肢を選ぶとすれば、やはり「イ」になります。

【問三／解説】

傍線部③「一人の外国少女」の人物の説明として適切でないものを選ぶ《内容正誤問題》です。

手順❶　本文と選択肢の照らし合わせを行い、「消去法」で選ぶ。

手順❷　答えが決まらない場合、最もマイナス点の少ない選択肢を正解として選ぶ。

《内容正誤問題》では、「記憶で解かずに、必ず本文と選択肢を照らし合わせながら選択肢を吟味すること」が大切です。

ア　戦争で荒廃することになる故国へ帰っていった人物。

イ　町の女学校にたのまれて音楽の教師をしていた人物。　×チガ

ウ　学校に寄贈されたピアノの持ち主だった人物の子ども。

エ　宣教師として来日していて病気で亡くなった人物の子ども。

選択肢「イ」にあたる人物は「私の母」ですから、これが適切でない選択肢ですね。したがって「イ」が正解です。

ちなみに選択肢「ア」「ウ」「エ」は、それぞれ次の本文のくだりと合致します。

選択肢「ア」の根拠

・あとで聞けば、その近き日に故国に帰るため、その町を立ち去った異国の少女があったと伝えられました──

伊太利……。いまはあの戦いの巷にふみにじられた詩の国の空（57〜58行目）

選択肢「ウ」「エ」の根拠

・「いいえ、あのピアノは、よほど前のこと、伊太利の婦人で当地へ宣教師として来ていたマダム、ミリヤ夫人が病気でなくなられたのち記念として寄附（きふ）されたものです」（42〜43行目）

・亡きマダム・ミリヤの子。オルテノ（53行目）

・・

【解答／問三】　イ

【問四／解説】

「なぜですか」と問われているので、《理由問題》ですね。手順に従って考えましょう。

手順❶　〈傍線部のルール〉により、傍線部を正しく理解する。

傍線部④に「これを聞いて」とありますので、こういう場合、「これ」という指示語が何を指すのかをしっかり確認しておきましょう。**〈傍線部のルール❸　傍線部内の指示語・比喩・わかりにくい表現は具体化して言いかえる〉**

指示語が指している内容は普通、指示語の前（近く）にありますから、そのあたりを探すと、

・「いいえ、あのピアノは、よほど前のこと、伊太利の婦人で当地へ宣教師として来ていたマダム、ミリヤ夫人が病

112

気でなくなられたのち記念として寄附されたものです」（42〜43行目）

という校長先生のセリフを指していることがわかりますね。したがって傍線部④は、「母は、講堂のピアノが、当地で亡くなったイタリア人宣教師、ミリヤ夫人の記念として学校に寄付されたものだと聞いて、ほほえみました」と読みかえることができます。

手順❷　本文をもとに、〈予想解答〉を作る。

傍線部④「母は、これを聞いて、ほほえみました」を「結果」としたときの「原因・理由」を考えます。

では、なぜ母は、講堂のピアノが、当地で亡くなったイタリア人宣教師、ミリヤ夫人の記念として学校に寄付されたものだと聞いて、ほほえんだのでしょうか。それは次のあたりからわかりそうです。

・それを聞いた時母の顔色はさっと変わりました。その楽曲は海杳かな伊太利（イタリー）の楽壇に名高い曲だったのです。（33行目）
・小窓が音もなく開くと見る中に、すらっと脱け出た影、黄金の髪ブロンドの瞳！　月光に夢のように浮き出た一人の外国少女の俤（おもかげ）！（34〜35行目）
・母は黙ってただ、ため息を吐くばかりでした。（38行目）

このとき母は、ピアノを弾いていたのがイタリアの少女だということを知ったのですね。だからこそ、その後、校長の言葉を聞いたとき、その少女がミリヤ夫人と関係のある人物だと思ったのでしょう。

これらのことから〈予想解答〉は、《ピアノを弾いていた少女が、ミリヤ夫人と関係のある人物だとわかったから》

というくらいになるのではないでしょうか。

手順❸ 「消去法」を使いながら、〈予想解答〉に最も近い選択肢を「積極法」によって選ぶ。

ア　ピアノを弾いているのが／亡き夫人をしたう人間だと理解できたから。

イ　ピアノは無理にでも／それをうけつぐ人の手にわたるべきだと考えたから。
　　　　　　　　　　　×↓ナシ　　　　　×↓チガ(ナシ)

ウ　ピアノは自分が考えていたよりも／しっかりした人の物だったとわかったから。
　　　　　　　　　　　　　　　　　　×↓チガ(ナシ)

エ　ピアノの音色をあれほど美しく出せるのは／日本の少女では無理だと実感したから。
　　　　　　　　　　　　　　　　　　　　　　　×↓チガ(ナシ)

選択肢「ア」は〈予想解答〉に最も近い選択肢ですからこれが正解。

選択肢「ウ」の「自分が考えていたよりも」ですが、母はピアノの持ち主が誰だったのかを考えていたわけではないので「ナシ」です。選択肢「イ」「エ」も、本文からは読み取れないので「チガ」あるいは「ナシ」で×。

【問五／解説】

「どういう気持ちの表れですか」と問われているので、これは《気持ち問題》です。

手順❶　〈傍線部のルール〉により、傍線部を正しく理解する。

念のため、「涙ぐむ」とは、「泣きそうになる」という意味です。したがって、傍線部⑤をわかりやすく言いかえると、「母はオルテノの手紙を読んで、泣きそうになった」ということですね。

された主語・述語・目的語を補う により、傍線部⑤をわかりやすく言いかえると、「母はオルテノの手紙を読んで、泣きそうになった」ということですね。

> 傍線部のルール❺　傍線部内に省略

手順❷　本文をもとに、〈予想解答〉を作る。

《気持ち問題》では、〈予想解答〉を作ために、

(1) 言動・情景描写から「気持ち」を読み取る（映像化してイメージする）。

(2) その「気持ち」になった「理由」を読み取る。

(3) 〈予想解答〉は「理由＋気持ち」で作る。

という三つのプロセスが必要でした。覚えていますか？

では、まずは言動・情景描写から「気持ち」を読み取ります。手順❶で、「母はオルテノの手紙を読んで、泣きそ

うになった」とわかりました。「泣く」という行動から読み取れる「気持ち」はさまざまですが、母の様子を映像化してイメージしてみればわかりやすいでしょう。この場合、オルテノの手紙を読んでの涙ですから、おおよそ「悲しい」「かわいそう」「せつない」といった方向の気持ちだと推察できます。

では、なぜオルテノの手紙を読んで「悲しい」「かわいそう」「せつない」といった気持ちになったのでしょう。そ

れは手紙の中に、

・亡きマダム・ミリヤの子。オルテノ。（53行目）

とあったため、講堂のピアノを弾いていた外国の少女が、当地で亡くなった宣教師マダム・ミリヤの子だとわかったからでしょう。このことと合わせて、

・翌日の夕、いつもよりははるかに高らかに哀れふかくかの講堂のピアノは怪しき奏手の人の指によって鳴ったのを、母は校庭で聞きました（44〜45行目）

というあたりから、母は、オルテノが亡き母マダム・ミリヤをしのんでピアノを弾いていたのだと思ったのでしょう。したがって、〈予想解答〉を「理由＋気持ち」で作ると、〈オルテノが亡き母マダム・ミリヤをしのんでピアノを弾いていたのだと思い、せつない気持ち〉といったところになるのではないでしょうか。

手順❸　「消去法」を使いながら、〈予想解答〉に最も近い選択肢を「積極法」によって選ぶ。

116

ア　少女のピアノの音色を再び聞けないことを／残念に思う気持ち。

イ　外国で母を亡くした身の上の少女の／つらい心情を思いやる気持ち。

ウ　戦争がおわったばかりの故国に帰らざるをえない少女に／同情する気持ち。

エ　あわただしいなかでも花を残していった少女の素早さに／感動する気持ち。

選択肢「イ」は〈予想解答〉を言いかえたものとしておおむね良さそうですから、これが正解。

選択肢「ウ」の「戦争が終わったばかりの故国に帰らざるをえない」という部分は、本文に、

・あとで聞けば、その近き日に故国に帰るため、その町を立ち去った異国の少女があったと伝えられました（57行目）

とあるように、後で知ったことですから、傍線部⑤の時点で母が涙ぐんだ理由にはなりません。したがって「アト」で×になります。

【解答／問五】　イ

君たちは、

「夢を持ちなさい」

「夢のない人生には価値がない」

「夢を持たない人間は、誰にも愛されない」

「夢があってこそ人は輝く」

てなことを信じているかもしれない。

というのも、昨今、ものわかりのよさげな大人は、誰もが異口同音に、

「自分だけの夢に向かって努力しなさい」

① といった調子のお話を子供に吹き込む決まりになっているからだ。

この「夢」を中心に据えた教訓話は、ある時期から急に言われはじめたことで、私が子供だった頃は、さして人気のある＊プロットではなかった。というよりも、② 私が子供だった50年前には、夢を持っている子供はむしろ少数だった。事実、私は、自分が夢を持っていた記憶を思い出すことができない。

にもかかわらず、夢なんかなくても、子供時代は楽しかった。当然だ。子供は「いま、ここ」にあるがままにある存在で、その時々の一瞬一瞬を、その場その場の感情のままに生きている。その、あるがままの子供達は、「将来の展望」や「未来への希望」を特段に必要としていない。彼らの生活は、「大人になるための準備」として運営されているのでもなければ、「夢への助走」として立案されたものでもない。子供であることの楽しさは、元来、そこのところ（未来や過去と切り離されているところ）にある。

35　　　　30　　　　25　　　　20

「夢」を持つことは、一見、前向きで素晴らしい取り組みであるように見える。

「夢」は「未来のために現在を犠牲にする」要素を含んでいる。

ということは、「夢を持ちなさい」という一見素敵に響くアドバイスは、その実、「今を楽しむ」という子供自身にとって最も大切な生き方を真っ向から否定する命令（具体的には「将来のために今の楽しみを我慢しなさい」ということ）でもあるわけで、とすれば、悪質な「夢」に囚われた少年少女は、不確かな未来のために、かけがえのない思春期を台無しにしているのかもしれない。

自分の将来に「夢」を設定した人間は、その夢から逆算して、現在の生活を設計しなければならなくなる。

と、その子供の「現在」は、将来のための準備期間、すなわち③「努力と忍耐の時間」に性格を変える。たとえば、プロサッカーの選手になることを心に決めた14歳は、部活の練習だけでは足りないと考える。と、彼は、放課後の2時間を自主練習に当てる決意を固めなければならない。あるいは、東京大学に合格する目標を立てた12歳は、一日に8時間の勉強時間を自分に課すかもしれない。

もし、君の抱いている夢が、自分自身の内側から自然に湧き上がってきた夢であるのなら、現在の娯楽や休息を多少犠牲にしてでも、将来のために努力を傾ける価値がある。でも、もし仮に君の抱いている「夢」が、「夢を持たねばならない」という義務感から無理やりに設定した④お仕着せの人生設計であるのだとしたら、ほかならぬ自分自身をがんじがらめにするそんな不自由な夢からは、早めに目を覚ました方がよい。

⑤若い頃に自分で「夢」だと思っていたものが、大人になった時点から振り返ってみると、ただの「虚栄心」だったという例は珍しくない。自分で夢だと思っているそのことが、実は、現実を直視せずに済ますための事前弁解だったというケースもある。そうでなくても、親しく行き来しているメンバーが、同じデザインの靴下を欲しがるみたいにして揃えたがる「夢」は、死刑囚の目からギロチン台を隠しておくための絵屏風とそんなに変わらない機能を果たしている。つまり、「夢」は、なによりもまず、自分をだましたい人間が自分をだますために見る物語だということだ。

もうひとつ指摘しておきたいのは、「夢」という単語が、ほぼ必ず「職業」に結びつく概念として語られるようになった

のは、この30年ほどに定着した、比較的新しい傾向だということだ。

昭和の中頃まで、子供たちが「夢」という言葉を使う時、その「夢」は、もっと他愛ない、バカバカしいものだった。

というよりも、「実現可能」だったりするものは、はなから「夢」とは呼ばれなかった。であるから、「看護師になりた

い」とか「編集者になりたい」といった感じの、実現に向けてコツコツと努力しなければならないタイプの堅実な「夢」

は、子供らしい生き生きとした「夢」とは見なされなかった。

それが、いつの頃からなのか、「夢」は、より現実的な「目標」じみたものに変質した。そして、現実的になるととも

に、それは年頃の男女が、一人にひとつずつ必ず持っていなければならない必携のアイテムとして、万人に強要されるよ

うになっている。

なんだかつらい話だ。

本来なら、退屈な現実から逃避するためのヒーロー幻想であったり、叱られた小中学生がうたかたの慰安を求めて思い

浮かべる絵空事であった「夢」という多分に無責任な妄想が、就職活動の面接における必須ワードになっていたり、中高

生が考える職業選びの土台になっていったりする現状は、今年の秋に60歳になる私の目から見ると、あきらかにどうか

している。

21世紀にはいって十数年が経過した現在、「夢」は、子供たちが「将来就きたい職業」そのものを意味する極めて卑近

な用語に着地している。なんという、夢のない話であることだろうか。

結局、この30年ほどの間に、われわれは、より若い子供たちに、

「実現可能な夢を早い段階で確定しておきましょう」

というプレッシャーを与える教育をほどこしてきたわけだ。ということはつまり、⑥少なくとも平成にはいって以来の社

会の変化は、「夢」という言葉から夢が失われていく過程そのものだったということになる。

　　　　　75　　　　　　　　70　　　　　　　　65　　　　　　　　60

（中略）

13歳の段階の少年少女が、自分の得意不得意や、好奇心や、好き嫌いや、あるいは友達のマネやアニメの影響で、どんな職業に憧れるにせよ、その憧れは、どうせたいして現実的なお話ではない。

3年後には、たぶん笑い話になっている。

そういう、3年たってから振り返って笑えるみたいな憧れを持つのは大変に結構なことだ。

というのも、憧れは、それに到達することによってではなくて、届かないことや、じきに笑い話になることによって、それを抱いていた人物を成長させるものだからだ。

ただ、

「この広い世界には、きっと自分に向いた仕事があるはずだ」という思い込みを抱くことは、夢を持つこととは違う。それは人生の選択を狭めかねない。その意味で、あまりおすすめできない。

（中略）

職業信仰は、ある意味で、偏差値信仰や学歴信仰よりもタチが悪い。

というのも、学歴や偏差値が、しょせんは数値化された一面的な能力の指標であるのに比べて、「職業」が物語る「能力」は、ずっと多岐にわたるからだ。

だから、職業を背景とした肩書信仰は、特定の職業に就いている者（あるいは職業に就いていない人間）への差別を生じさせる。

それ以上に、職業信仰は、「どこかに青い鳥（自分に向いた楽しくてやりがいのある仕事）がいる」という、空虚な不遇感の温床になる。

実際には、⑧作業そのものに好奇心を抱かせる要素がなくても、いきいきと働いている人はたくさんいる。

⑦その意味で実に厄介だ。

たとえば、ネジのアタマが均等に揃っているのかを検査するみたいなおよそ退屈にしか見えない仕事にでも、取り組んでいる人間は、それなりにいる。

よく似たなりゆきを、部活の練習で経験した生徒もいるはずだ。

作業や練習メニュー自体が退屈でも、毎日の繰り返しの中で成果があがれば、それなりに楽しく取り組むことはある。

また、キツいサーキットトレーニングでも、気に入った仲間と一緒にこなしていれば、多少は楽しく取り組むことができる。

つまり「職業」そのものとは別に「職場」でも、気に入った職場で、気のおけない仲間と一緒に働くのであれば、与えられた役割をこなすというそれだけのことが、責任感と達成感をもたらすことになる。それ以上に、他人の目には瑣末な検品作業に見えるであろう仕事であっても、長年それに取り組んでいる人間からすれば、いわく言いがたい微妙な難しさがあるわけで、一定の経験を積めば、その難しさ（他人から見れば単に「キツさ」にしか見えない何か）にチャレンジすることに誇りを感じるようになる。

つまり、多くのベテランが言うように、仕事の素晴らしさやくだらなさは、ある程度の期間それに携わってみないとわからないということだ。

であれば、職業の名前で他人の能力を判断したり、自分に与えられている肩書で自分の幸福度やプライドを計測することは、テストの点数で他人を値踏みすること以上に空しいということがわかるはずだ。

13歳の君たちは、とてもアタマが良い。

それだけに、⑨アタマだけで何かを判断することには慎重にならなければいけない。

仕事は、いずれ向こうからやってくる。

それまでの間は、なるべくバカな夢を見ておくことをおすすめする。

（小田嶋隆「13歳のハードワーク」より・晶文社刊）

＊注　プロット＝話しの筋書き。

うたかた＝水面に浮かぶあわ。はかなく消えやすいもののたとえ。

卑近＝日常的で身近な様子。

瑣末な＝細かいことであり、重要でない様子。

【問一】　傍線部①「といった調子のお話を子供に吹き込む決まりになっているからだ」とあるが、この言い方には筆者のどのような思いが表れているか。次の中から適当なものを一つ選び、記号で答えなさい。

ア　多くの子供たちが大人に言われて夢を持つことは大切だと思いこんでいることへの驚き。

イ　子供に夢を持たせることは、子供にとっては必ずしもよいこととは言えないという疑念。

ウ　周囲の人たちが、子供に夢を持たせるよう指導すべきだと自分に強要することへの反発。

エ　子供に夢に向かって努力せよと言うことは、大人にとって当然のことだという義務感。

【問二】　傍線部②「私が子供だった50年前には、夢を持っている子供はむしろ少数だった」とあるが、それは当時がどのような時代だったからか。次の中から適当なものを一つ選び、記号で答えなさい。

ア　子供が自分の将来のことを考える余裕がなく、今を生きることに精いっぱいの時代だったから。

イ　子供が今を純粋に楽しむことができたので、現実から逃避するための幻想が必要ない時代だったから。

ウ　子供が感情のままに今を生きることができ、特に将来の目標を持つ必要がない時代だったから。

エ　子供が今よりもずっと大人だったため、無責任な妄想をする子供がほとんどいない時代だったから。

【問三】 傍線部③『努力と忍耐の時間』に性格を変える」とあるが、なぜ「子供の現在」が「努力と忍耐の時間」になってはいけないのか。その理由として適当なものを、次の中から一つ選び、記号で答えなさい。

ア かけがえのない子供時代を楽しむことは価値があるはずなのに、まちがった夢を追い求めることでその価値がなくなってしまうから。

イ 子供時代は夢中になって毎日を楽しむことが重要なのに、夢を持つことでそれを我慢して将来のために備えなければならないから。

ウ 子供時代に過度な努力と忍耐を課すと、将来、実際に夢が手に届くところに来た時に全力で努力をする余力がなくなってしまうから。

エ 子供に将来のための努力と忍耐をさせるには、大人の助けがかなり必要になり、子供自身の力で夢を実現することにはならないから。

【問四】 傍線部④「お仕着せの人生設計」とあるが、どういうことか。次の中から適当なものを一つ選び、記号で答えなさい。

ア それを目指すことで今の生活が充実する夢ではなく、今やりたいことを我慢して自分をがんじがらめにしなければかなわない夢のこと。

イ 自分の内側から自然に湧き上がってきた夢ではなく、周りが目標にしているから自分も目指さなければならない夢のこと。

ウ 自分が本当に実現したいと思っていた夢ではなく、周囲の人に強制されて無理矢理目指すことになってしまった夢のこと。

エ 自分の中から自然に生まれた夢ではなく、将来なりたいものがなければいけないと思いこんで無理に作りあげ

た夢のこと。

【問五】　傍線部⑤「若い頃に～ケースもある」とあるが、「ただの『虚栄心』だったという例」や「事前弁解だったといういうケース」の具体例として適当なものを、次の中から二つ選び、記号で答えなさい。

ア　若い頃から歌手になりたいと思っていたが、大人になっていざ夢をかなえてみると、その仕事には自分が考えてもみなかった人間関係のしがらみなどがともなうことに気づいた。

イ　若い頃は純粋にスポーツ選手に憧れているつもりだったが、大人になって考えると、勉強をしなければならない現実から目をそらし運動に夢中になるふりをしていただけだったと気づいた。

ウ　若い頃から総理大臣になるのが夢だったが、大人になってから冷静に振り返ってみると、それが現実味のない夢であり自分にはとうてい無理な目標であったことに気づいた。

エ　若い頃から医者になりたいと願っているつもりだったが、大人になってみると、自分が本当になりたい職業は他にあったのに、目指せと言われたがために医者を目指していたということに気づいた。

オ　若い頃から裁判官になるのが夢だったが、大人になってから思い返すと、それを目指していることで自分が人から認められるだろうという考えでその夢を追いかけていたことに気づいた。

カ　若い頃は小説家を目指していたが、大人になってみると、ただ個人的に文学を楽しみたいだけで現実の職業として文学をやっていくほどの強い思い入れは持っていなかったことに気づいた。

【問六】　傍線部⑥「少なくとも平成にはいって以来の社会の変化は～ということになる」とあるが、どういうことか。次の中から適当なものを一つ選び、記号で答えなさい。

ア　平成にはいって以来、「夢」は大人が早期に子供に課す努力目標を指すようになり、子供はしだいに「夢」か

【問七】傍線部⑦「その意味で実に厄介だ」とあるが、なぜ「厄介」なのか。その理由として適当なものを、次の中から一つ選び、記号で答えなさい。

ア　たまたま今の仕事が向いていないだけで、自分にふさわしい仕事は必ずどこかにあると考えて、自分は恵まれていないと思うようになってしまうから。

イ　自分が職場で思うように評価してもらえないのは、仕事に対する経験がまだ足りていないだけなのに、簡単に今の仕事に見切りをつけてしまうから。

ウ　いきいきと働くことができないのは、今の仕事が自分に合っていないだけなのに、自らの能力のなさを恥じ、自分を追いこむことになりがちだから。

エ　学歴や偏差値で他人におくれをとっている人たちにとって、肩書きでしかその評価をくつがえすことはできないため、職業に対する信仰心が強くなるから。

ら逃避するようになってきたということ。

イ　平成にはいって以来、「夢」という言葉そのものが使われなくなり、かわりに「職業」という言葉が多く用いられるようになってきたということ。

ウ　平成にはいって以来、「夢」という言葉から明るい無邪気（むじゃき）さが感じられなくなり、それにともなって「夢」が話題にされなくなったということ。

エ　平成にはいって以来、「夢」からのびのびとした自由さが失われ、きゅうくつで手堅（てがた）く選択された職業を「夢」と呼ぶようになったということ。

【問八】傍線部⑧「作業そのものに好奇心を抱かせる要素がなくても、いきいきと働いている人はたくさんいる」とあるが、なぜ「いきいきと」働けるのか。その理由として適当なものを、次の中から一つ選び、記号で答えなさい。

ア　どういう職業、どういう作業内容であるかということではなく、その職場で自分がどれだけ責任ある地位につくことができるかということが重要だから。

イ　作業の内容そのものは単純である方がかえって職場での人間関係を良好に保っていきやすく、仲間と力を合わせて仕事をする楽しさや充実感を得やすいから。

ウ　複雑で高い能力を必要とする仕事よりも、かえって退屈にしか思えない単純な作業の方がより微妙な技術を必要とし、やりがいの感じられる仕事であるから。

エ　職業や作業そのものの楽しさとは別に、職業環境や一見単純できついだけの仕事の中にも見つけられるやりがいによって、仕事に対する満足度は上がるから。

【問九】傍線部⑨「アタマだけで何かを判断することには慎重にならなければいけない」とあるが、筆者がここでこのように言っているのはなぜか。その理由として適当なものを、次の中から一つ選び、記号で答えなさい。

ア　「バカな夢をみておくこと」によって、自分に合った仕事は、いずれ向こうからやってくるものだから。

イ　職場によって仕事の評価が変わるため、仕事の価値は、ある程度の経験を積むことで必ず見えてくるものだから。

ウ　職業で他人の能力を判断したり、肩書で自分の幸福度やプライドを測ることは、空しいことだから。

エ　仕事の価値というものは、一定の期間、その仕事を経験してみて初めてわかることだから。

127

「筆者のどのような思いが表れているか」を問われていますから、《気持ち問題》ですね。

手順❶ 《傍線部のルール》により、傍線部を正しく理解する。

まず、**傍線部のルール❷ 傍線部はいくつかの部分に分けて考える** で傍線部を分けてみると、次のようになります。

（１）といった調子のお話を／（２）子供に吹（ふ）き込（こ）む決まりになっているからだ

このように分けたら、次に、それぞれの部分に含まれる指示語・比喩・わかりにくい表現を、わかりやすい別の言葉で言いかえます。**傍線部のルール❸ 傍線部内の指示語・比喩・わかりにくい表現は具体化して言いかえる**

（１）の「といった調子のお話」とは、どのような話かといえば、**傍線部のルール❶ 傍線部を含む一文は丁寧に読む**より、

・昨今、ものわかりのよさげな大人は、誰もが異口同音に、

「自分だけの夢に向かって努力しなさい」（７～８行目）

とあるような話ですね。「ものわかりのよい」とは本来「事情・状況、人の立場などを理解する能力が高い」「のみこみのはやい」といった意味ですが、ここでは「世間の流れに合わせるのがうまい」「世間に流されやすい」くらいの、

皮肉的な意味を含ませていることが感じられます。したがって（1）の「といった調子のお話」とは、「昨今の、世間に流されやすい大人が口にする、自分の夢に向かって努力するようにと促す話」だとわかります。

また（2）の「吹き込む」ですが、これは「そそのかして教える」という意味です。「そそのかす」とは、「（主に悪い方向へと）誘い導く」といった意味ですから、ここにも皮肉めいた響きがありますね。

したがって（1）（2）を考え合わせると、傍線部①は、

（1）昨今の、世間に流されやすい大人が口にする、自分の夢に向かって努力するようにと促す話を、／（2）子供にそそのかして教える決まりになっているからだ

という意味だとわかります。

手順❷　本文をもとに、〈予想解答〉を作る。

手順❶でやった通り、

・ものわかりのよさげな大人（7行目）
・吹き込む（9行目）

には、皮肉めいた気持ちが読み取れます。また、

・この「夢」を中心に据えた教訓話（10行目）

とありますが、夢にカッコをつけて「夢」と表記していることからも、この「夢」には筆者が賛同できない気持ち、皮肉を込めた気持ちが読み取れますね。

さらには次の本文のくだりからも、「夢を持ちなさい」というアドバイスに対する疑問や反感といった気持ちがうかがえます。

・「夢」を持つことは、一見、前向きで素晴らしい取り組みであるように見える。しかしながら、注意深く検討してみると、「夢」は「未来のために現在を犠牲にする」要素を含んでいる。

ということは、「夢を持ちなさい」という一見素敵に響くアドバイスは、その実、「今を楽しむ」という子供自身にとって最も大切な生き方を真っ向から否定する命令（具体的には「将来のために今の楽しみを我慢しなさい」ということ）でもあるわけで、とすれば、悪質な「夢」に囚われた少年少女は、不確かな未来のために、かけがえのない思春期を台無しにしているのかもしれない。（18〜23行目）

つまり筆者の気持ちとしては「皮肉」「不賛同」「疑問」「反感」といったところでしょう。

そしてなぜ筆者が「皮肉」「不賛同」「疑問」「反感」を感じているかといえば、右にあるように「大人が子供に説く『夢』は、未来のために現在を犠牲にする要素を含み、子供が不確かな未来のためにかけがえのない思春期を台無しにしているかもしれないから」でしょう。

《気持ち問題》ですから「原因・理由＋気持ち」で〈予想解答〉を大まかに作ると、〈大人が子供に説く「夢」は、

未来のために現在を犠牲にする要素を含み、子供が不確かな未来のためにかけがえのない思春期を台無しにしている
かもしれないから、皮肉や不賛同、疑問、反感を抱いている〉などとなるでしょう。

手順❸　〔消去法〕を使いながら、〈予想解答〉に最も近い選択肢を〔積極法〕によって選ぶ。

ア　多くの子供たちが大人に言われて／夢を持つことは大切だと思いこんでいることへの／驚き。
×ズレ　×チガ

イ　子供に夢を持たせることは、／子供にとっては必ずしもよいこととは言えないという／疑念。
×ナシ

ウ　周囲の人たちが、／子供に夢を持たせるよう指導すべきだと自分に強要することへの／反発。
×チガ　×チガ

エ　子供に夢に向かって努力せよと言うことは、／大人にとって当然のことだという／義務感。

　筆者は、大人が子供に「夢」を説くことに対して疑問を感じているのであって、選択肢「ア」の「夢を持つことは
大切だと思いこんでいることへの」ではないので、これは「ズレ」の×です。

　選択肢「イ」は〈予想解答〉の言いかえになっている選択肢と読めますから、これが正解。

　選択肢「ウ」の「反発」は間違ってはいませんが、「子供に夢を持たせるよう指導すべきだと自分に強要すること」
はどこにも書かれていませんから「ナシ」です。

【解答／問二】　イ

131

《理由問題》ですね。傍線部②には難しい部分がありませんので、手順❷から始めましょう。

手順❷　本文をもとに、〈予想解答〉を作る。

傍線部②「私が子供だった50年前には、夢を持っている子供はむしろ少数だった」が「結果」にあたります。これに対する「原因・理由」を本文から読み取ります。これは本文に、

・にもかかわらず、夢なんかなくても、子供時代は楽しかった。当然だ。子供は「いま、ここ」にあるがままにある存在で、その時々の一瞬一瞬を、その場その場の感情のままに生きている。その、あるがままの子供達は、「将来の展望」や「未来への希望」を特段に必要としていない。（13〜15行目）

とあることから、おおよそ〈子供はその時々の一瞬一瞬を、その場その場の感情のまま生きていたため、夢などなくても楽しい時代だったから〉などと考えることができるでしょう。これが〈予想解答〉です。

手順❸　「消去法」を使いながら、〈予想解答〉に最も近い選択肢を「積極法」によって選ぶ。

ア　子供が自分の将来のことを考える余裕がなく、──────／今を生きることに精いっぱいの時代だったから。
×ナシ　　　　　　　　　　　　　　　　　　　　×ナシ

132

イ　子供が今を純粋に楽しむことができたので、／現実から逃避するための幻想が必要ない時代だったから。

ウ　子供が感情のままに今を生きることができ、／特に将来の目標を持つ必要がない時代だったから。　×（ナシ）

エ　子供が今よりもずっと大人だったため、／無責任な妄想をする子供がほとんどいない時代だったから。　×（チガ（ナシ））

【解答／問二】

ウ

《理由問題》が続きます。

【問三／解説】

手順❶　〈傍線部のルール〉により、傍線部を正しく理解する。

傍線部③『『努力と忍耐の時間』に性格を変える』は、傍線部のルール❶　傍線部を含む一文は丁寧に読む　をふまえ、傍線部のルール❺　傍線部内に省略された主語・述語・目的語を補う　によって「主語」を補いながら、傍線部のルール❷　傍線部はいくつかの部分に分けて考える　で分けてみると、次のようになります。

自分の将来に「夢」を設定した子供の「現在」は／「努力と忍耐の時間」／に性格を変える

ここでわかりづらいのが「努力と忍耐の時間」ですが、これはどういうことでしょうか。〈傍線部のルール❸　傍線

・と、その子供の「現在」は、将来のための準備期間、すなわち「努力と忍耐の時間」に性格を変える。（25行目）

本文を見ると、傍線部③の直前に「すなわち」とありますね。「すなわち」は、その前の言葉を後ろの言葉で言いかえるときに用いる接続語です。したがって、ここでは、「将来のための準備期間」＝「努力と忍耐の時間」と述べていることがわかりますね。これらにより、傍線部③は次のような意味だと理解できます。

「努力と忍耐の時間」／に性格を変える

↓

自分の将来に「夢」を設定した子供の「現在」は／将来のための準備期間／に性格を変える

　　　　　　　主語

手順❷　本文をもとに、〈予想解答〉を作る。

ではなぜ、「子供の現在」が「努力と忍耐の時間」、すなわち「将来のための準備期間」になってはいけないのでしょうか。「子供の現在が将来のための準備期間になってはいけない」を「結果」としたときの「原因・理由」を本文から読み取ります。

・「夢」を持つことは、一見、前向きで素晴らしい取り組みであるように見える。しかしながら、注意深く検討してみると、

「夢」は「未来のために現在を犠牲にする」要素を含んでいる。

ということは、「夢を持ちなさい」という一見素敵に響くアドバイスは、その実、「今を楽しむ」という子供自身にとって最も大切な生き方を真っ向から否定する命令（具体的には「将来のために今の楽しみを我慢しなさい」ということ）でもあるわけで、とすれば、悪質な「夢」に囚われた少年少女は、不確かな未来のために、かけがえのない思春期を台無しにしているのかもしれない。（18～23行目）

右にあるように、それは、〈大人が子供に説く「夢」は、未来のために現在を犠牲にする要素を含み、「今を楽しむ」という子供にとって最も大切な生き方を否定し、子供が不確かな未来のためにかけがえのない思春期を台無しにしているかもしれない。〉でしょう。これが、なぜ「子供の現在」が「努力と忍耐の時間（＝将来のための準備期間）」になってはいけないか、という問いに対する〈予想解答〉になります。

手順❸　「消去法」を使いながら、〈予想解答〉に最も近い選択肢を「積極法」によって選ぶ。

ア　かけがえのない子供時代を楽しむことは価値があるはずなのに、／まちがった夢を追い求めることで〔×ナシ〕／その価値がなくなってしまうから。

イ　子供時代は夢中になって毎日を楽しむことが重要なのに、／夢を持つことでそれを我慢して将来のために備え〔×ナシ〕なければならないから。

ウ　子供時代に過度な努力と忍耐を課すと、／将来、実際に夢が手に届くところに来た時に〔×ナシ〕／その価値がなくなってしまうから。

エ　子供に将来のための努力と忍耐をさせるには、／大人の助けがかなり必要になり、〔×ナシ〕／全力で努力をする余力がなくなってしまうから。〔×ナシ〕

子供自身の力で夢を実現することにはならないから。

選択肢「イ」以外は、明らかに本文に書かれていない内容ですね。このように長い選択肢でも、〈予想解答〉を作ることではっきりと正解を選ぶことができます。

・・・・・・・・・・・・・・・・・・・・・・・・・・・・・・・・・・

【問四／解説】

傍線部④「お仕着せの人生設計」とはどういうことかと問われていますから、《内容説明問題》ですね。《内容説明問題》とは、傍線部や問われている内容とイコール（＝）の関係にあることがらを選ぶ問題でした。

手順❶ 〈傍線部のルール〉により、傍線部を正しく理解する。

まず、**傍線部のルール❷ 傍線部はいくつかの部分に分けて考える** で二つに分けてみると、次のようになります。

（1）お仕着せの／（2）人生設計

136

によって言いかえてみましょう。

傍線部のルール❸　傍線部内の指示語・比喩・わかりにくい表現は具体化して言いかえる

（1）の「お仕着せの」について。「お仕着せ」とは「自分の意志とは関係なく一方的に与えられたことが」という意味ですが、その意味を知らなくとも、

傍線部のルール❶　傍線部を含む一文は丁寧に読む

より、傍線部④を含む一文に、

・「夢を持たねばならない」という義務感から無理やりに設定したお仕着せの人生設計　（30〜31行目）

とあることから、ここでの「お仕着せ」とは、『夢を持たねばならない』という義務感から無理やりに設定したもの」だとわかるでしょう。

（2）の「人生設計」とは、自分の内側から湧き上がってきたものではなく、「夢を持ちなさい」というアドバイスによって持たされている「夢」のことでしょう。これらのことから、傍線部④「お仕着せの人生設計」は、次のように理解することができます。

お仕着せの／人生設計

↓

「夢を持たねばならない」という義務感から無理やりに設定した／夢

手順❷ 本文をもとに、〈予想解答〉を作る。

手順❶でやった〈「夢を持たねばならない」という義務感から無理やりに設定した夢〉が〈予想解答〉になります。

手順❸ 「消去法」を使いながら、〈予想解答〉に最も近い選択肢を「積極法」によって選ぶ。

ア それを目指すことで今の生活が充実する夢ではなく、／今やりたいことを我慢して自分をがんじがらめにしなければかなわない夢のこと。
×チガ

イ 自分の内側から自然に湧き上がってきた夢ではなく、／周りが目標にしているから／自分も目指さなければならないと感じて作りあげた夢のこと。
×チガ ×ナシ

ウ 自分が本当に実現したいと思っていた夢ではなく、／周囲の人に強制されて／無理矢理目指すことになってしまった夢のこと。
×ナシ

エ 自分の中から自然に生まれた夢ではなく、／将来なりたいものがなければいけないと思いこんで／無理に作りあげた夢のこと。

【解答／問四】 エ

138

【問五／解説】

これは四つの選択肢問題パターンからややずれる問題ですが、「ただの『虚栄心』だったという例」や「事前弁解だったというケース」とイコールの関係になる具体例を選ぶ問題ですから、考え方としては《内容説明問題》と同じです。ただ、今回はパターン分類にこだわらなくてもよいでしょう。そもそもパターンに分類して問題をとらえるのは、問題を解きやすくするためであり、パターンに分類すること自体が目的ではありませんから。

手順❶　〈傍線部のルール〉により、傍線部を正しく理解する。
手順❷　本文をもとに、〈予想解答〉を作る。

「ただの『虚栄心』だったという例」を（1）、「事前弁解だったというケース」を（2）として考えてみます。ちなみに、（1）の「虚栄心」とは、「見栄を張りたがる心」のこと。（2）「事前弁解」とは「前もって言いわけをすること」、「ケース」とは「例」のことです。したがって、（1）（2）は次のように理解できます。

（1）ただの「虚栄心」だったという例＝ただの「見栄を張りたがる心」だったという例
（2）事前弁解だったというケース＝前もって言いわけをした例

今回は右の（1）（2）が〈予想解答〉にあたります。「積極法」によって、右の（1）（2）にあてはまる例を次のア〜カから二つ選びましょう。

ア　若い頃から歌手になりたいと思っていたが、／大人になっていざ夢をかなえてみると、／その仕事には自分が
　　考えてもみなかった／人間関係のしがらみなどがともなうことに気づいた。

イ　若い頃は純粋にスポーツ選手に憧れているつもりだったが、／大人になって考えると、／
　　事前弁解の例として
　　勉強をしなければならない現実から目をそらし〇／運動に夢中になるふりをしていただけだったと気づいた。

ウ　若い頃から総理大臣になるのが夢だったが、／大人になってから冷静に振り返ってみると、／
　　×
チガ
　　それが現実味のない夢であり／自分にはとうてい無理な目標であったことに気づいた。

エ　若い頃から医者になりたいと願っているつもりだったが、／大人になってみると、／自分が本当になりたい職
　　×
チガ
　　業は他にあったのに、／目指せと言われたがために医者を目指していたということに気づいた。

オ　若い頃から裁判官になるのが夢だったが、／大人になってから思い返すと、／それを目指していることで／
　　虚栄心の例として
　　自分が人から認められるだろうという考えで／その夢を追いかけていたことに気づいた。〇

カ　若い頃は小説家を目指していたが、／大人になってみると、／ただ個人的に文学を楽しみたいだけで／現実の
　　×
チガ
　　職業として文学をやっていくほどの強い思い入れは持っていなかったことに気づいた。

【解答／問五】　イ、オ

選択肢「イ」の「勉強をしなければならない現実から目をそらし」が（2）「事前弁解だったというケース」にあたり、

選択肢「オ」の「自分が人から認められるだろうという考えで」が（1）「ただの『虚栄心』だった例」にあたりますね。

140

【問六／解説】

傍線部⑥とはどういうことか、と問われていますから《内容説明問題》ですね。

手順❶ 《傍線部のルール》により、傍線部を正しく理解する。

傍線部のルール❷ 傍線部はいくつかの部分に分けて考える によって、まずは傍線部をいくつかの部分に分けてみます。

（1）少なくとも平成にはいって以来の社会の変化は、／（2）「夢」という言葉から夢が失われていく過程そのものだったということになる

次に、それぞれの部分を 傍線部のルール❸ 傍線部内の指示語・比喩・わかりにくい表現は具体化して言いかえる によって言いかえてみます。（1）は言いかえなくとも理解できますので、ここでは（2）を考えてみましょう。

（2）でわかりづらいのは 『「夢」という言葉から夢が失われていく」という部分です。これはどういうことでしょうか。本文の次のあたりからわかりそうです。

・本来なら、退屈な現実から逃避するためのヒーロー幻想であったり、叱られた小中学生がうたかたの慰安を求めて思い浮かべる絵空事であった「夢」という多分に無責任な妄想が、就職活動の面接における必須ワードになっていたり、中高生が考える職業選びの土台になっていったりする現状（48〜50行目）

・21世紀にはいって十数年が経過した現在、「夢」は、子供たちが「将来就きたい職業」そのものを意味する極めて卑近な用語に着地している。なんという、夢のない話であることだろうか。（52〜53行目）

手順❷　本文をもとに、〈予想解答〉を作る。

つまり、「『夢』という言葉から夢が失われていく」とは、〈「夢」が、「将来就きたい職業」そのものを意味する極めて卑近な用語になってきたため、本来なら、退屈な現実から逃避するためのヒーロー幻想であったり、叱られた小中学生がうたかたの慰安を求めて思い浮かべる絵空事であった「夢」という多分に無責任な妄想が、就職活動の面接における必須ワードになっていたり、中高生が考える職業選びの土台になってきた〉ということだとわかりますね。

手順❸　「消去法」を使いながら、〈予想解答〉に最も近い選択肢を「積極法」によって選ぶ。

手順❶で考えたことを踏まえ、それを少し短めにして〈予想解答〉を作ると、〈平成にはいって以来、「夢」が「将来就きたい職業」そのものを意味する用語になってきたため、本来の「夢」という多分に無責任な妄想が、将来の就職活動や職業選びにつながるものになってきたということ〉くらいになるでしょう。

ア　平成にはいって以来、／「夢」は大人が早期に子供に課す努力目標を指すようになり、／
　　子供はしだいに「夢」から逃避するようになったということ。
　　　　　　　　　　　　　×（チガ／ナシ）　　　　　　　　×（ナシ）

イ　平成にはいって以来、／「夢」という言葉そのものが使われなくなり、／かわりに「職業」という言葉が多く
　　　　　　　　　　　　　　　　　　　　　　　　　　　×（チガ）
　　用いられるようになってきたということ。

142

ウ　平成にはいって以来、／「夢」という言葉から明るい無邪気さが感じられなくなり、／それにともなって「夢」が話題にされなくなったということ。

エ　平成にはいって以来、／「夢」からのびのびとした自由さが失われ、／きゅうくつで手堅く選択された職業を「夢」と呼ぶようになったということ。

選択肢「エ」はおおむね〈予想解答〉の言いかえになっていることがわかりますね。

【解答／問六】　　エ

【問七／解説】

《理由問題》です。まずは傍線部の意味を正しく理解することから。

手順❶　〈傍線部のルール〉により、傍線部を正しく理解する。

傍線部のルール❷　傍線部はいくつかの部分に分けて考える　によって、傍線部をいくつかの部分に分けてみます。

（1）その意味で／（2）実に厄介だ

143

（1）の「その意味」という指示語が指している内容を確認しましょう（**傍線部のルール❸ 傍線部内の指示語・比喩・わかりにくい表現は具体化して言いかえる**）。普通、指示語が指している内容は、指示語の直前部分にあります。

すると本文に、

・職業信仰は、「どこかに青い鳥（自分に向いた楽しくてやりがいのある仕事）がいる」という、空虚な不遇感の温床になる。（75〜76行目）

とあるのが見つかりますから、（1）「その意味」とは、「職業信仰は、『どこかに青い鳥（自分に向いた楽しくてやりがいのある仕事）がいる』という、空虚な不遇感の温床になる、という意味」と言いかえることができます。ちなみに「温床」とは「あるよくない物事または思想などが生まれ育ちやすい環境」のことを指します。

また、（2）「厄介」とは「面倒なこと」という意味です。

したがって、傍線部⑦は、次のように理解することができます。

（1）その意味で／（2）実に厄介だ
　　↓
（1）職業信仰は、「どこかに青い鳥（自分に向いた楽しくてやりがいのある仕事）がいる」という、空虚な不遇感の温床になる、という意味で／（2）実に面倒だ

手順❷　本文をもとに、〈予想解答〉を作る。

「厄介だ」を「結果」としたときの「原因・理由」を読み取りますが、これは手順❶で考えた「その意味で」＝「職業信仰は、『どこかに青い鳥（自分に向いた楽しくてやりがいのある仕事）がいる』」がそのまま「原因・理由」にあたりますね。したがって〈予想解答〉は、〈職業信仰は、「どこかに青い鳥（自分に向いた楽しくてやりがいのある仕事）がいる」という、空虚な不遇感の温床になるから〉となるでしょう。

手順❸　「消去法」を使いながら、〈予想解答〉に最も近い選択肢を「積極法」によって選ぶ。

ア　たまたま今の仕事が向いていないだけで、／自分にふさわしい仕事は必ずどこかにあると考えて、／自分は恵まれていないと思うようになってしまうから。

イ　自分が職場で思うように評価してもらえないのは、／仕事に対する経験がまだ足りていないだけなのに、／簡単に今の仕事に見切りをつけてしまうから。
×（チガ＝ナシ）　△

ウ　いきいきと働くことができないのは、／今の仕事が自分に合っていないだけなのに、／自らの能力のなさを恥じ、／自分を追いこむことになりがちだから。
×（ナシ）　×（ナシ）

エ　学歴や偏差値で他人におくれをとっている人たちにとって、／肩書きでしかその評価をくつがえすことはできないため、／職業に対する信仰心が強くなるから。
×（チガ）　×（スギ）

145

これも《理由問題》です。傍線部⑧自体は特に難しくありませんから、手順❷から考えます。

手順❷　本文をもとに、〈予想解答〉を作る。

「いきいきと働ける」を「結果」としたときの「原因・理由」を本文から読み取ります。すると、

・たとえば、ネジのアタマが均等に揃っているのかを検査するみたいなおよそ退屈にしか見えない仕事にでも、取り組んでいる人間は、それなりにいる。

よく似たなりゆきを、部活の練習で経験した生徒もいるはずだ。

作業や練習メニュー自体が退屈でも、毎日の繰り返しの中で成果があがれば、それなりに楽しくなってくることはある。（78〜82行目）

右のように、「作業や練習メニュー自体が退屈でも、毎日の繰り返しの中で成果があがれば、それなりに楽しくなってくることはある」ため、いきいきと働くことができるわけであり、続いて本文に、

・また、キツいサーキットトレーニングでも、気に入った仲間と一緒にこなしていれば、多少は楽しく取り組むことができる。

・つまり「職業」そのものとは別に「職場」の善し悪しや向き不向きが、仕事の評価を変えることもあるということだ。（83〜85行目）

手順❸　「消去法」を使いながら、〈予想解答〉に最も近い選択肢を「積極法」によって選ぶ。

とあるように、「いきいきと」働くためには、「『職業』そのものとは別に『職場』の善し悪しや向き不向きが、仕事の評価を変えることもある」のだとわかりますね。

これらから〈予想解答〉を作ると、〈作業や練習メニュー自体が退屈でも、毎日の繰り返しの中で成果があがれば、「職業」そのものとは別に「職場」の善し悪しや向き不向きが、仕事の評価を変えることもあるから〉などとなるでしょう。

ア　どういう職業、どういう作業内容であるかということではなく、／その職場で自分がどれだけ責任ある地位に　×ナシ　つくことができるかということが／重要だから。

イ　作業の内容そのものは単純である方が／かえって職場での人間関係を良好に保っていきやすく、／仲間と力を合わせて仕事をする楽しさや充実感を得やすいから。

ウ　複雑で高い能力を必要とする仕事よりも、／かえって退屈にしか思えない単純な作業の方がより微妙な技術を　×ナシ　必要とし、／やりがいの感じられる仕事であるから。

エ　職業や作業そのものの楽しさとは別に、／職業環境や一見単純できついだけの仕事の中にも見つけられるやりがいによって、／仕事に対する満足度は上がるから。

選択肢「エ」は〈予想解答〉に最も近く、〈予想解答〉を言いかえた選択肢になっていることがわかりますね。

【問九／解説】

本問は私がオリジナルで作成した《理由問題》です。いつも通りの手順で解いてみましょう。

手順❶ 《傍線部のルール》により、傍線部を正しく理解する。

《傍線部のルール❷ 傍線部はいくつかの部分に分けて考える》によって、傍線部をいくつかの部分に分け、その中で言いかえるべきところをわかりやすい言葉で言いかえてみましょう《傍線部のルール❸ 傍線部内の指示語・比喩・わかりにくい表現は具体化して言いかえる》。

（1） アタマだけで何かを判断することには／（2） 慎重にならなければいけない

わかりづらいのは（1）の「アタマだけで何かを判断すること」でしょう。では、「アタマだけで何かを判断すること」とはどんなことを意味しているのでしょうか。

これを考える前に、まずは筆者がここで述べていることを整理して考えてみます。それが「アタマだけで何かを判断すること」が何を意味しているのかを考えるヒントになります。まず、本文に、

断すること」が何を意味しているのかを考える

・他人の目には瑣末＊な検品作業に見えるであろう仕事であっても、長年それに取り組んでいる人間からすれば、いわ

＊さまつ

く言いがたい微妙な難しさがあるわけで、一定の**経験**を積めば、その難しさ（他人から見れば単に「キツさ」にしか

見えない何か）にチャレンジすることに誇りを感じるようになる。

つまり、多くのベテランが言うように、仕事の素晴らしさやくだらなさは、ある程度の期間それに携わってみない

とわからないということだ。（87〜91行目）

そして、

とあるように、筆者は、「仕事の素晴らしさやくだらなさは、ある程度の期間それに携わってみないとわからない」

と述べています。別の言い方をすれば、仕事の善し悪しは「経験」によってわかるものだと考えているわけですね。

・であれば、職業の名前で他人の能力を判断したり、自分に与えられている肩書で自分の幸福度やプライドを計測す

かたがき

たずさ

ることは、テストの点数で他人を値踏みすること以上に空しいということがわかるはずだ。（92〜93行目）

ねぶ

むな

とあるように、「職業の名前で他人の能力を判断（＝職業信仰）」や「自分に与えられている肩書で自分の幸福度やプ

かたがき

ライドを計測すること（＝肩書信仰）」は、「テストの点数で他人を値踏みすること（＝偏差値信仰）」以上に空しい

ねぶ

と述べます。つまり筆者は、仕事の善し悪しは「経験」によってわかるもので、「職業信仰」や「肩書信仰」、「偏差

値信仰」から職業を選ぶことは空しいと考えているわけですね。

（＋）　経験

　　対比　⇔

（二）　職業信仰、肩書信仰、偏差値信仰

　さて、ここで傍線部⑨に戻りましょう。となると、（1）の「アタマだけで何かを判断すること」とは、「テストの点数で他人を値踏みすること（＝偏差値信仰）」を言いかえた表現だとわかりませんか。「アタマ」＝「頭の良し悪し」「学力」というわけです。すなわち筆者は、仕事の善し悪しは「経験」によってわかるものだから、「偏差値信仰」によって職業を選ぶことには慎重にならなければならない、と述べているのですね。したがって、傍線部⑨を言いかえると次のように考えることができます。

（1）　偏差値信仰によって職業を選ぶことは／　（2）　慎重にならなければいけない

（1）　　←

（1）　アタマだけで何かを判断することには／　（2）　慎重にならなければいけない

手順❷　本文をもとに、〈予想解答〉を作る。

　「偏差値信仰によって職業を選ぶことは慎重にならなければいけない」を「結果」としたときの「理由」を考えます。もちろん、すでに手順❶で考えた通り、〈仕事の善し悪しは経験によってわかるものだから〉でしょう。これが〈予想解答〉です。

手順❸ 「消去法」を使いながら、〈予想解答〉に最も近い選択肢を「積極法」によって選ぶ。

ア 「バカな夢をみておくこと」によって、／自分に合った仕事は、／いずれ向こうからやってくるものなのだから。
　　×チガ

イ 職場によって仕事の評価が変わるため、／仕事の価値は、／ある程度の経験を積むことで／必ず見えてくるも
　　△　　　　　　　　×スギ
　のだから。

ウ 職業で他人の能力を判断したり、／肩書で自分の幸福度やプライドを測ることは、／空しいことだから。
　　×ズレ

エ 仕事の価値というものは、／一定の期間、／その仕事を経験してみて初めてわかることだから。

選択肢「イ」の「必ず」は言い過ぎなので、「スギ」で×。こういう言い過ぎ表現はいつも注意しましょう。

特にまぎらわしいのが選択肢「ウ」でしょうか。確かに、選択肢「ウ」の内容は本文に書いてあります。ただし、「空

しいことだから」というのは、この場合、「理由」として成り立っていないのがわかりますか。

〈予想解答〉で考えたように、「偏差値信仰によって職業を選ぶことは慎重にならなければいけない」理由は、あく

まで〈仕事の善し悪しは経験によってわかるものだから〉でしょう。したがって選択肢「ウ」は、本文に書いてはあ

るけれども問われていることとはズレた選択肢であるため、「ズレ」で×になります。

次の文章を読んで、後の問いに答えなさい。（豊島岡女子学園中　二〇二〇年・改）

雪音の通う中学校では、近所に新しくできた図書館でどのようなイベントをしてほしいかという企画の募集が行われていた。本が好きで図書委員でもある雪音は、学校で積極的にこの図書館企画のアイデアを考えていたが、考えがまとまらず帰宅した。

家に帰ってからも、図書館企画のアイデアを考え続けた。

ノートにいろいろと浮かんだことを書いていったが、どうもしっくりいかない。

実は、頭に浮かんで離れないものがあるのだ。

「①ぬいぐるみおとまり会」。

外国の図書館ではよく行われているイベントだ。子供のお気に入りのぬいぐるみを図書館に預け、彼あるいは彼女が夜の図書館で何をやっているのか――その行動をカメラで撮影してくれる。

子供のお気に入りのぬいぐるみを通して本と親しんでもらうことが目的だが、雪音が知ったのは去年だ。日本の図書館もやっているそうで、その図書館のサイトなどをよく見たものだ。

子供が自分でぬいぐるみを図書館へ送り届け寝かしつけてから帰るとか、真夜中のパーティとか朝食とか――。迎えに来た子供には、そんなことをしているのではなく、大勢で仲良く雑魚寝をしたり、真面目な勉強や読書やお仕事をするだけでなく、大勢で仲良く雑魚寝をしたり、真面目な勉強や読書やお仕事をするだけで

ぬいぐるみの写真と彼 or 彼女が夜の間に読んでいた本が渡される。

とにかくすごく楽しそうで、自分ができないのが本当にくやしかった。新しい図書館でやってくれるかも、と思ったが、そういう予定はないらしい。どっちにしろ、多分中学生では参加できないだろう。

15　20　25　30

②だから、提案しようと思ったのだ。

オリジナルのアイデアではないし、図書館としてはありふれたものだろうけど、雪音はどうしてもこれを、あの新しくてきれいな図書館で実現してほしかった。写真を撮るのだったら、背景も美しい方がいいに決まっている。

さらにできれば、子供でない人にも参加できるようなものにしたい。

中学生の雪音はもとより、大人だってそういう夢のあるイベントに興味のある人はたくさんいるだろう。我が子だけではなく、自分も参加したいというお母さんやお父さんだっているかも。

でも……自分で思いついたものではないと明記するにしても、オリジナリティに欠けるとやはり選ばれないだろうか……？

……？　何か他のことにした方がいいのか……。

③日曜日になっても、雪音は考え続けていた。

提出日は月曜日だ。今月中に書き上げなければ。

だが、ぬいぐるみおとまり会にするか、新たに考えたものにするかで迷い、新たに考えるにしても子供向けにするか大人向けにするかで迷う。

だいたい大人が喜ぶことってなんだろうか……。

こんな時は、どうしたらいいの？

「気分転換しようかな……」

でも、外はあいにくの雨だった。ぶらぶら散歩するのもめんどくさい。

行くとしても屋根のあるところで、できれば静かなところ——というと、図書館しか浮かばない自分に、そっとため息をつく。

うーん、大人になったらお気に入りのカフェでコーヒーや紅茶を飲みながら、ゆっくり読書なんてしたいなあ。でも今

はおこづかいが苦しいからダメだ……。

どんなカフェがいいだろうか、と空想しながら雨の中を歩いて図書館へ行く。

日曜日の図書館はけっこう混んでいるものだが、今日は天気が悪いせいか静かだった。併設されている喫茶コーナーの方が人が多い。

ここの図書館の喫茶――いや、カフェもなかなか雰囲気がいい。有名なパン屋さんが出店しているので、食べ物もおいしそうだが、ちょっと大人っぽくて敷居が高い。

この間会った三宅さんはいるかなとカウンターをのぞいたが、いなかった。少しがっかりしたが、相談するつもりはなかった。休みかもしれないし。

何だか自分には決心が足りないだけ、という気がしてならない。決めているのに、今一歩踏み出せないというか……。

それくらい、自分で決められないでどうする。中学生にもなって。

今の気分にふさわしい本でも読もうと棚を見て回ったが、何だかタイトルが頭に入ってこない。適当に取ってページをパラパラめくっても、④文字が上滑りする。

こういう時は絵本かな。文字が頭に入ってこないのなら、絵を見ていればいい。

雪音は児童書コーナーへ向かった。

いつもの日曜日ならにぎわっているコーナーだが、今日は一人だけ、五〜六歳くらいの女の子がテーブルについて絵本を広げていた。切り株をかたどったかわいいテーブルだが、中学生になると座れないのだ。

女の子が読んでいるのは、『こんとあき』――雪音の大好きな絵本だった。

おばあちゃんに作ってもらったきつねのぬいぐるみ　“こん”　は、生れたばかりの女の子　“あき”　とともに成長する。こんはぬいぐるみだが、立って歩いて、しゃべって物も食べる。いっしょうけんめいあきの面倒を見るこんだが、ある日、腕のほころびに気づく。こんとあきは、おばあちゃんにほころびを直してもらうため、電車に乗って旅に出る――。

こんがものすごくかわいくて、大きなしっぽをドアにはさまれてしまうシーンを本屋で見た時、母に見せたくて絵本を広げたまま店中を探し回った思い出がある（さすがに母は買ってくれた）。

絵本を見る女の子の表情が、刻一刻と変わるのが面白かった。何度も読んで文章もだいたい憶えているので、「今、あのシーンを読んでる」というのがよくわかる。

何だかついつい気になり、もう一度初めから読み始めた。

そして、⑤絵本を立ち読みしながらもチラチラ見ていたら、最後ににっこりして本を置いた。

ああ、ケラケラ笑ってるのはあたしの大好きなシーンかなぁ……。

それにしても一人でいるのが気になった。親はいないんだろうか。

「ねえ、お母さんは？」

しばらく待っても誰も現れないので（その間、その子は何度も『こんとあき』を読んでいた）、ついにたずねてしまった。

最近は知らない人と話しちゃいけないときつく言われている子も多いので、ちょっとドキドキしながら。

「お母さんは用事があるの」

しかし、屈託なく女の子は答える。

「一人で来たの？」

「ううん」

あ、一人じゃないのね、と少し安心する。

「大人の人と一緒なんだね？」

「うん、ちょっと待っててって言われた」

かなり待たされているみたいだけど、あまり気にしないのだろうか。心配になるくらいの無邪気さだ。

でも、とてもかわいい。

「その絵本、好きなの?」

「うん!」

元気のいいお返事だ。

「今日初めて読んだの?」

「ううん。うちにもあるよ」

「それなのにここでも読んでたの?そんなに好きなんだ」

「うん。こん大好き。すうちゃんに作ってもらったの」

そう言って、女の子は本の見返しを見せる。そうだった。最近気づいたことだけれど、この絵本にはこんの型紙が見返しに図案化されている。出版社のサイトには、ちゃんと作り方も載っているのだ。

「すごいね」

「うちのコンコちゃんは女の子なの。すうちゃん、ワンピース作ってくれた」

こんはかわいいオーバーオールを着ていたはずだ。

⑥「そうかあ——」

ぬいぐるみなんて作ったことない。手芸は好きな方だが、すぐに飽きてしまうのだ。一気に作れるものならいいのだが、何日もかかると放り出す。ぬいぐるみを一日で作る勇気というか、腕はまだない。

「コンコちゃんの趣味は読書なの」

「うんうん」

「いつか図書館でいっぱい絵本を読むのが夢です」

「じゃあ、好きな食べ物は?」

「カレーです」

「きつねうどんとかじゃないんだね」

「おあげはあまり好きじゃないの……」

それは、コンコちゃんの日常の物語を語る女の子の身振り手振りが面白く、何度も笑ってしまう。

「コンコちゃんの夢は、激辛カレーを食べることと、図書館にお泊りをしていっぱい本を読むことです」

⑦激辛カレーに思わず吹き出す。だが、図書館のくだりに、オーバーオールを着たこんがこの椅子に座って絵本を読んでいる姿が浮かんだ。この女の子が、あきに見えてくる。

「でも、両方ともママがダメというのでできません」

そりゃカレーはダメだろう。

「ママは何でダメって言うの?」

「コンコちゃんはまだ小さいから」

「でも、絵本は読めるんでしょ?」

「漢字は読めないの。それに、まだ中辛も食べられないから」

「そうかあ」

「あっ!」

突然女の子が声をあげ、カバンの中を探りだす。

「メールだ」

子供用の携帯電話を出す。まだ持っていない雪音は、持っているだけうらやましい。

「すうちゃんが呼んでるから、行くね、お姉ちゃん」

「あ、はい。お話面白かったよ」

「ほんと!? ありがとう! またね、バイバイ!」

女の子は絵本をしまい、ロビーの方へ駆けていった。注意されないかハラハラしたが、幸いあまり人影はない。

ああ、やっぱりおとまり会がいいな。

そしたら、あの女の子とコンコちゃんが来てくれて、とても喜ぶだろう。

雪音は急いで家に戻り、プリントに書き込んだ。

オリジナリティはないけど、本当にやってほしいことなんだもの。あの図書館がやってくれたら、本当にうれしいことなんだもの。

そう思いながら、雪音は書いた。

うまく書けているかわからないし、多分ダメだろうけど、終わった時には⑧何だかすっきりしていた。

（矢崎存美『ぶたぶた図書館』光文社刊）

（矢崎存美『ぶたぶた図書館』光文社刊）

（注）

彼or彼女＝彼または彼女という意味。

オリジナリティ＝独自の考え方。

三宅さん＝雪音が以前知り合った、新しい図書館に勤める職員の女性。

『こんとあき』＝林明子の絵本。

すうちゃん＝女の子のおばにあたる人物。

オーバーオール＝胸当てつきのズボン。

【問二】 傍線部①「ぬいぐるみおとまり会」とありますが、雪音が以前から知っていた「ぬいぐるみおとまり会」についての説明として当てはまらないものを次のア～オの中から一つ選び、記号で答えなさい。

【問二】傍線部②「だから、提案しようと思ったのだ」とありますが、この背景には雪音のどのような思いがあると考えられますか。その説明として最も適当なものを次のア〜オの中から一つ選び、記号で答えなさい。

ア　中学生となってしまった今となっては自分がぬいぐるみおとまり会に参加することはかなわないが、この図書館でぬいぐるみおとまり会を開くことで、同じように悔しい思いをする人が少なくなってほしいという思い。

イ　ぬいぐるみおとまり会が実際に行われる様子に興味はあったものの、夜に始まって一晩中かけて開催される会を運営することはまだ中学生である自分には難しいので、図書館の人たちに代わりに運営してほしいという思い。

ウ　一般的な図書館で行われる行事としては珍しくないからという理由で、ぬいぐるみおとまり会を開催する予定のないことに反発を覚え、独特なものでなくても開催してほしいという強い気持ちを図書館側に伝えるべきだという思い。

エ　新しくできたきれいな図書館でぬいぐるみおとまり会を行えば、写真映えもするし参加者の満足度も高まるので、今後本好きな人を増やして図書館を盛り上げていくためにもぬいぐるみおとまり会の開催は不可欠だという思い。

オ　図書館としてはぬいぐるみおとまり会を開く予定はないらしいので、自分がその開催を求める声をあげること

ア　参加者のお気に入りのぬいぐるみが夜の図書館でどのように過ごしていたかを、カメラで撮影してもらえる。

イ　夜にぬいぐるみが読んでいた本は後で渡されるので、参加者はぬいぐるみが読んでいた本を読むことができる。

ウ　外国の図書館ではよく開催されているイベントで、ぬいぐるみを通して本に親しみを持たせることができる。

エ　参加者は夜の図書館で自分のお気に入りのぬいぐるみと一緒に勉強したり、雑魚寝をしたりして夜を明かす。

オ　ぬいぐるみは夜の図書館を読書の空間としてだけでなく、ほかのぬいぐるみと交流する空間としても利用する。

で、自分を含めた子供でない人も楽しめるようなぬいぐるみおとまり会の開催を実現したいという思い。

【問三】傍線部③「日曜日になっても、雪音は考え続けていた」とありますが、長期間にわたって「考え続けていた」雪音の人物像の説明として最も適当なものを次のア～オの中から一つ選び、記号で答えなさい。

ア　考えはあるのに迷いが次々と浮かんでしまうせいでなかなか決められないような決断力に欠ける人物。

イ　企画を通すためにどのような説得力のある書類を作るかを周到に考えるような妥協を許さない人物。

ウ　自分の意見にどのような反論が想定されるかを考えながらものごとを決めていくような慎重な人物。

エ　だれにも頼ったり相談したりせずに自分だけで判断して企画を決めていくような行動力のある人物。

オ　周囲の評価に自分の提案を合わせようとするあまり自分の考えをまとめられないような優柔不断な人物。

【問四】傍線部④「文字が上滑りする」とありますが、どういうことですか。その説明として最も適当なものを次のア～オの中から一つ選び、記号で答えなさい。

ア　自分の意識が本に向いていないために、本の内容がつまらなく感じられてしまうということ。

イ　使われている言葉が難解なために、文字が単語のまとまりとして目に入ってこないということ。

ウ　体裁の良い言葉が並んでいるために、本の内容がうわべだけの軽々しいものに見えるということ。

エ　別のことで思考が支配されているために、本の内容を理解することができないということ。

オ　本のページが文字ばかりであるために、読んでいてもその本に魅力を感じないということ。

【問五】傍線部⑤「絵本を立ち読みしながらもチラチラ見ていたら」とありますが、この時の雪音の心情の説明として最も適当なものを次のア～オの中から一つ選び、記号で答えなさい。

【問六】傍線部⑥「そうかあー」とありますが、こういった時の雪音の態度の説明として最も適当なものを次のア～オの中から一つ選び、記号で答えなさい。

ア　自分はぬいぐるみなど作れるだろうかと自分のことだけ考えており、女の子の話にうわのそらで生返事をしている。

イ　コンコちゃんと絵本のこんの格好の違いを考え、コンコちゃんの性別に気付いた感動を込めて返事をしている。

ウ　コンコちゃんが手作りのぬいぐるみであることへの感嘆を込め、想像力を働かせながら女の子の話に楽しく対応している。

エ　コンコちゃんが絵本のこんに手を加えた独自のものだとわかり、そのようなものを作る決断力のない自分を反省している。

ア　自分が熟読して内容を把握しているので、女の子が絵本のどの部分を読んでどのような感情を抱いているのかが表情からわかり、親しみを感じている。

イ　女の子が絵本の内容に対して一喜一憂し、その度に率直な感情を顔色に表している様子をずっと観察しながら、その目まぐるしい変化におかしさを感じている。

ウ　自分にとって大好きな絵本なので、女の子が絵本を楽しそうに読んでいる様子を見て、女の子も自分と同じようにこの絵本を好きになったと思い、嬉しく感じている。

エ　絵本の内容に合わせて変化する女の子の感情が表情に表れており、そこから女の子が今絵本のどの場面を読んでいるのかを推測することに楽しみを感じている。

オ　自分が内容を覚えている絵本を読んでいる女の子の表情を見て、自分が持った感想と違った感想を女の子が持って読んでいることに気付き、興味深く感じている。

オ　自分にはぬいぐるみを手作りすることなど到底できないと思い、コンコちゃんを手作りした人物に尊敬の念を抱いている。

【問七】傍線部⑦「激辛カレーに思わず吹き出す」とありますが、なぜ雪音は「吹き出」したのですか。その理由として最も適当なものを次のア～オの中から一つ選び、記号で答えなさい。

ア　今までの穏やかな会話に不釣り合いな激辛カレーという過激な単語を聞き、女の子の新たな一面を知って驚いたから。

イ　激辛カレーを食べるというコンコちゃんの夢に自分自身の夢を重ねている女の子の純粋さを、おかしく思ったから。

ウ　激辛カレーを食べられるかどうかが大人の証であるととらえている女の子の健気な考えを、かわいらしく思ったから。

エ　ぬいぐるみのコンコちゃんが四苦八苦しながら激辛カレーを食べている光景を思い浮かべて、面白く思ったから。

オ　幼いとはいえ、ぬいぐるみが激辛カレーを食べるということを信じて疑わない女の子に対して衝撃を受けたから。

【問八】傍線部⑧「何だかすっきりしていた」とありますが、なぜですか。その理由として最も適当なものを次のア～オの中から一つ選び、記号で答えなさい。

ア　女の子の持つぬいぐるみのコンコちゃんにまつわる話を聞いたことをきっかけに、ぬいぐるみおとまり会の必要性を改めて感じ、新しい図書館でそれをやってほしいという思いが明確になったから。

イ　女の子がコンコちゃんと一緒にぬいぐるみおとまり会に参加したいと思っていることを知り、たとえ認められなくても、女の子のためにそれを提案しようという覚悟を決めることができたから。

ウ　女の子も自分と同じようにぬいぐるみおとまり会をやりたいと思っていることを知り、この企画が自分の独りよがりなものではないということがわかり、このまま提案してよいのだと安心したから。

エ　絵本を読むことが大好きな女の子の話を聞き、絵本の重要性に気付いたことで、長時間考え続けていた企画をぬいぐるみおとまり会にすることをようやく決断できたことに達成感を覚えたから。

オ　女の子も雪音が考えていたぬいぐるみおとまり会と同様のものを夢見ていることを知り、たとえ採用されなくとも自分が望むものを提案すればよいのだと気付き、今まで抱えていた迷いが消えたから。

「○○として当てはまらないもの」のように、「正しくない選択肢」を選ばせる問題は《内容正誤問題》にあたります。

〈予想解答〉をたてるのではなく、選択肢を本文とよく照らし合わせて、「正しくない選択肢」を選びましょう。

手順❶　本文と選択肢の照らし合わせを行い、「消去法」で選ぶ。

手順❷　答えが決まらない場合、最もマイナス点の少ない選択肢を正解として選ぶ。

これは本文の次のあたりとよく照らし合わせればよいでしょう。

・外国の図書館ではよく行われているイベントだ。子供のお気に入りのぬいぐるみを図書館が夜の図書館で何をやっているのか――その行動をカメラで撮影してくれる。子供のお気に入りのぬいぐるみを通して本と親しんでもらうことが目的だが、雪音が知ったのは去年だ。日本の図書館もやっているそうで、その図書館のサイトなどをよく見たものだ。子供が自分でぬいぐるみを図書館へ送り届け寝かしつけてから帰るとか、真面目な勉強や読書やお仕事をするだけでなく、大勢で仲良く雑魚寝をしたり、真夜中のパーティとか朝食とか――。迎えに来た子供には、そんなことをしているぬいぐるみの写真と彼 or 彼女が夜の間に読んでいた本が渡される。（5～11行目）

ア　参加者のお気に入りのぬいぐるみが／夜の図書館でどのように過ごしていたかを、／カメラで撮影してもらえる。

イ　夜にぬいぐるみが読んでいた本は／後で渡されるので、／参加者はぬいぐるみが読んでいた本を読むことができる。

ウ　外国の図書館ではよく開催されているイベントで、／ぬいぐるみを通して本に親しみを持たせることが目的である。

エ　×参加者は夜の図書館で自分のお気に入りのぬいぐるみと一緒に勉強したり、／雑魚寝をしたりして夜を明かす。

オ　ぬいぐるみは夜の図書館を読書の空間としてだけでなく、／ほかのぬいぐるみと交流する空間としても利用する。

【解答／問二】　エ

選択肢「エ」の「参加者は」の部分が本文と違います。夜、図書館で過ごすのは参加者ではなくてぬいぐるみですね。したがって、「チガ」の×です。今回のように、やや細かいところをついてくる問題は、しっかり本文と照らし合わせをせずに記憶で解いていると間違えてしまいます。本文と丁寧に照らし合わせをすることを改めて大切にしてください。

《気持ち問題》です。これまでやってきたように、「理由＋気持ち」で〈予想解答〉をたてることを考えます。

手順❶ 〈傍線部のルール〉により、傍線部を正しく理解する。

傍線部②「だから、提案しようと思ったのだ」とありますが、**傍線部のルール❺ 傍線部内に省略された主語・述語・目的語を補う**により、何を提案しようと思ったのかを念のため補っておきましょう。これはもちろん「ぬいぐるみおとまり会」ですね。したがって、傍線部②は次のように理解できます。

だから、ぬいぐるみおとまり会を提案しようと思ったのだ

手順❷ 本文をもとに、〈予想解答〉を作る。

《気持ち問題》ですから、まず、雪音の言動に着目して本文から「気持ち」を読み取りましょう。

「気持ち」が読み取れそうなところは、傍線部も含めて、次の四カ所あります。

（1）自分ができないのが本当にくやしかった。（12行目）

（2）だから、提案しようと思ったのだ（14行目）

（3）雪音はどうしてもこれを、あの新しくてきれいな図書館で実現してほしかった。（15〜16行目）

（4）さらにできれば、子供でない人にも参加できるようなものにしたい。（17行目）

それぞれ「気持ち」をわかりやすく整理すると、次のようになるでしょう。

（1）〈ぬいぐるみおとまり会を自分ができないのがくやしい〉

（2）〈ぬいぐるみおとまり会を提案しよう〉

（3）〈ぬいぐるみおとまり会を新しくてきれいな図書館で実現してほしい〉

（4）〈ぬいぐるみおとまり会を、子供でない人にも参加できるようなものにしたい〉

では、次に、そんな気持ちになった「理由」をそれぞれ本文から読み取ります。

まず、（1）〈ぬいぐるみおとまり会を自分ができないのがくやしい〉の気持ちの理由は、本文に、

・とにかくすごく楽しそうで、（12行目）

とあることから、〈ぬいぐるみおとまり会がすごく楽しそうだったから〉という気持ちの理由を考えてみます。　傍線部②に「だから」と

いう接続語がありますから、「だから」の前が「理由」だとわかりますね。（接続語「だから」は、前が「原因・理由」、

後ろが「結果」を表すときに使う接続語です。こうした接続語の使い方を知っておくことはとても大切です）

次に、（2）〈ぬいぐるみおとまり会を提案しよう〉という気持ちの理由を考えてみます。　**（1）〈ぬいぐるみおとまり会がすごく楽しそうだったから、自分ができないのがくやし**

い〉 となるでしょう。

よって、（1）について「理由＋気

持ち」の文を作ってみると、**（1）〈ぬいぐるみおとまり会がすごく楽しそうだったから、自分ができないのがくやし**

・新しい図書館でやってくれるかも、と思ったが、そういう予定はないらしい。どっちにしろ、多分中学生では参加できないだろう。（12〜13行目）

右の本文から、〈新しい図書館でぬいぐるみおとまり会をやる予定はないらしいから〉がその理由でしょう。

（2）についても「理由＋気持ち」の文を作ると、**（2）〈新しい図書館でぬいぐるみおとまり会をやる予定はないらしいから、自分が提案しよう〉**となりますね。

また、（3）〈ぬいぐるみおとまり会を新しくてきれいな図書館で実現してほしい〉という気持ちの理由は、本文の次のところでしょう。

・写真を撮るのだったら、背景も美しい方がいいに決まっている。（16行目）

したがって（3）についての「理由＋気持ち」の文を作ると、**（3）〈写真を撮るのだったら、背景も美しい方がいいに決まっているから、ぬいぐるみおとまり会を新しくてきれいな図書館で実現してほしい〉**となります。

最後に、（4）〈ぬいぐるみおとまり会を、子供でない人にも参加できるようなものにしたい〉という気持ちの理由ですが、これは本文に次のようにあります。

・中学生の雪音（ゆきね）はもとより、大人だってそういう夢のあるイベントに興味のある人はたくさんいるだろう。我が子だ

けではなく、自分も参加したいというお母さんやお父さんだっているかも。（18～19行目）

右の部分を簡単にまとめると、〈ぬいぐるみおとまり会に参加したい大人もたくさんいるだろうから〉などと考えられますね。これも「理由＋気持ち」の文を作ると、（4）〈ぬいぐるみおとまり会に参加したい大人もたくさんいるだろうから、子供でない人にも参加できるようなものにしたい〉となります。

さて、これまでに考えた（1）～（4）についての「理由＋気持ち」の文をまとめてみます。

（1）〈ぬいぐるみおとまり会がすごく楽しそうだったから、自分ができないのがくやしい〉

（2）〈新しい図書館でぬいぐるみおとまり会をやる予定はないらしいから、自分が提案しよう〉

（3）〈写真を撮るのだったら、背景も美しい方がいいに決まっているから、ぬいぐるみおとまり会を新しくてきれいな図書館で実現してほしい〉

（4）〈ぬいぐるみおとまり会に参加したい大人もたくさんいるだろうから、子供でない人にも参加できるようなものにしたい〉

したがって、〈予想解答〉は右の（1）～（4）をさらにまとめたものになるでしょう。かなり長くなりますが、たとえば、次のようなものが考えられます。

〈ぬいぐるみおとまり会がすごく楽しそうだったから、自分ができないのがくやしかったが、新しい図書館でぬいぐるみおとまり会をやる予定はないらしいから、自分が提案しようと思った。また、写真を撮るのだったら、背景も美しい方がいいに決まっているから、ぬいぐるみおとまり会は新しくてきれいな図書館で実現してほしいし、さらには、

い〉

手順❸ 「消去法」を使いながら、〈予想解答〉に最も近い選択肢を「積極法」によって選ぶ。

ここまで選択肢が長いと、スラッシュで区切って、細かく見ていかないと間違えてしまいますね。本文に書かれていないことにしっかり×をつけましょう。

ア 中学生となってしまった今となっては／自分がぬいぐるみおとまり会に参加することはかなわないが、／この×（ナシ）図書館でぬいぐるみおとまり会を開くことで、／同じように悔しい思いをする人が少なくなってほしいとい×（ナシ）う思い。

イ ぬいぐるみおとまり会が実際に行われる様子に興味はあったものの、／夜に始まって一晩中かけて開催される会を運営することは／まだ中学生である自分には難しいので、／図書館の人たちに代わりに運営してほしい×（ナシ）という思い。

ウ 一般的な図書館で行われる行事としては珍しくないからという理由で、／ぬいぐるみおとまり会を開催する予×（チガ（ナシ））定のないことに反発を覚え、／独特なものでなくても開催してほしいという強い気持ちを／図書館側に伝え×（ナシ）るべきだという思い。

エ 新しくできたきれいな図書館でぬいぐるみおとまり会を行えば、／写真映えもするし／参加者の満足度も高×（ナシ）まるので、／今後本好きな人を増やして図書館を盛り上げていくためにも／ぬいぐるみおとまり会の開催は×（チガ（ナシ））不可欠だという思い。

170

オ　図書館としてはぬいぐるみおとまり会を開く予定はないらしいので、／自分を含めた子供でない人も楽しめるようなぬいぐるみおとまり会の開催を実現したいという思い。

【解答／問二】　オ

【問三／解説】

雪音（ゆきね）の人物像について正しいものを選ぶ《内容正誤問題》ですね。本文中で雪音の人物像が読み取れそうな箇所をいくつか見つけ、その部分と選択肢を比べましょう。

手順❶　本文と選択肢の照らし合わせを行い、「消去法」で選ぶ。

手順❷　答えが決まらない場合、最もマイナス点の少ない選択肢を正解として選ぶ。

雪音（ゆきね）の人物像が読み取れそうなところとして、次のような部分に注目してみます。

・でも……自分で思いついたものではないと明記するにしても、＊オリジナリティに欠けるとやはり選ばれないだろうか……？何か他のことにした方がいいのか……。（20〜21行目）

・だが、ぬいぐるみおとまり会にするか、新たに考えたものにするかで**迷い**、新たに考えるにしても子供向けにする

か大人向けにするかで**迷う**。（25〜26行目）

それくらい、自分で決められないでどうする、という気がしてならない。決めているのに、今一歩踏み出せないというか

……。

・何だか自分には**決心が足りない**だけ、自分で決められないでどうする。中学生にもなって。（42〜43行目）

特に太字にした部分に着目すると、雪音はさまざまに迷い、なかなか決心がつかないタイプのようです。その点を

おさえつつ、選択肢を見ていきましょう。

ア　考えはあるのに迷いが次々と浮かんでしまうせいでなかなか決められないような／決断力に欠ける人物。○

イ　企画を通すためにどのような説得力のある書類を作るかを周到に考えるような／妥協を許さない人物。×ナシ

ウ　自分の意見にどのような反論が想定されるかを考えながらものごとを決めていくような／慎重な人物。○

エ　だれにも頼ったり相談したりせずに自分だけで判断して企画を決めていくような／行動力のある人物。×チガ

オ　周囲の評価に自分の提案を合わせようとするあまり／自分の考えをまとめられないような／優柔不断な人物。○

選択肢「ウ」の「慎重な人物」というのは間違いではありませんが、「反論」については本文から読み取れませんね。

選択肢「オ」も、「優柔不断な人物」は正しいですが、「周囲の評価に自分の提案を合わせよう」ということは書か

れていません。したがって選択肢「ア」が正解。

【解答／問三】 **ア**

【問四／解説】

傍線部④「文字が上滑りする」とはどういうことかという、傍線部の言いかえ説明を問われている《内容説明問題》です。傍線部とイコールの内容になっている選択肢を選びます。

手順❶ 《傍線部のルール》により、傍線部を正しく理解する。

手順❷ 本文をもとに、《予想解答》を作る。

「文字が上滑りする」というのは比喩表現ですね。本文を参考に、これがどんなことを表しているのかを考えてみましょう（**傍線部のルール❸** 傍線部内の指示語・比喩・わかりにくい表現は具体化して言いかえる）。**傍線部のルール❹** 傍線部内の言葉と同じ言葉・似た言葉に注目する により、「文字」という言葉を本文に探していくとよいでしょう。

傍線部前後の次の部分に着目します。

・傍線部前後の次の部分に着目します。

・今の気分にふさわしい本でも読もうと棚を見て回ったが、何だかタイトルが**頭に入ってこない**。適当に取ってページをパラパラめくっても、文字が上滑りする。（44～45行目）

・こういう時は絵本かな。**文字が頭に入ってこない**のなら、絵を見ていればいい。（46行目）

特に太字の部分に注目すると、「文字が上滑(うわすべ)りする」とは、〈文字が頭に入ってこない〉ことを表しているのだとわかりますね。そしてこれがそのまま〈予想解答〉になります。

手順❸ 「消去法」を使いながら、〈予想解答〉に最も近い選択肢を「積極法」によって選ぶ。

ア 自分の意識が本に向いていないために、／本の内容がつまらなく感じられてしまうということ。
×ナシ　×チガ

イ 使われている言葉が難解なために、／文字が単語のまとまりとして目に入ってこないということ。
×ナシ　×ナシ

ウ 体裁の良い言葉が並んでいるために、／本の内容がうわべだけの軽々しいものに見えるということ。
×ナシ　×チガ

エ 別のことで思考が支配されているために、／本の内容を理解することができないということ。
×ナシ

オ 本のページが文字ばかりであるために、／読んでいてもその本に魅力を感じないということ。
×チガ

選択肢「ア」の「本の内容がつまらなく感じられてしまう」は、〈文字が頭に入ってこない〉とは違いますね。
選択肢「エ」の「本の内容を理解することができない」は、まさに〈文字が頭に入ってこない〉を言いかえた表現でしょう。

【解答／問四】　エ

【問五／解説】

傍線部⑤の時の雪音の心情を読み取る《気持ち問題》ですね。「理由＋気持ち」で〈予想解答〉をたてることにはもう慣れましたか。

手順❶　〈傍線部のルール〉により、傍線部を正しく理解する。

手順❷　本文をもとに、〈予想解答〉を作る。

まずは雪音の言動から「気持ち」を読み取ります。

傍線部のルール❶　傍線部を含む一文は丁寧に読む　より、傍線部⑤の直前に、

・何だかついつい気になり　（58行目）

とありますから、〈女の子のことが気になっている〉という気持ちが読み取れます。ただ、ここでの「気になる」とは、

・ああ、ケラケラ笑ってるのはあたしの大好きなシーンかなあ……。（60行目）

とあるように、雪音の大好きな絵本『こんとあき』を女の子が楽しく読んでいるかどうか、その反応が気になっているという感じですね。よって、ここでの雪音の気持ちをより詳しく言えば、〈女の子がどんな反応をするかが気になっている〉となるのでしょう。

175

では、なぜ雪音は女の子の反応が気になるのでしょう。次にその「理由」を考えます。これは、

・絵本を見る女の子の表情が、刻一刻と変わるのが面白かった。何度も読んで文章もだいたい憶えているので、「今、あのシーンを読んでる」というのがよくわかる。（56〜57行目）

とありますから、〈何度も読んで文章もだいたい憶えているので、女の子がどのシーンを読んでいるのかがわかっているから〉などが考えられます。したがって、「理由＋気持ち」で〈予想解答〉を作ると、〈何度も読んで文章もだいたい憶えているので、女の子がどのシーンを読んでいるのかがわかっているから、女の子がどんな反応をするかが気になっている〉などと考えられそうです。

手順❸ **[消去法]** を使いながら、〈予想解答〉に最も近い選択肢を **[積極法]** によって選ぶ。

ア　自分が熟読して内容を把握しているので、／女の子が絵本のどの部分を読んでどのような感情を抱いているのかが表情からわかり、／親しみを感じている。

イ　女の子が絵本の内容に対して一喜一憂し、／その度に率直な感情を顔色に表している様子をずっと観察しながら、／その目まぐるしい変化におかしさを感じている。

ウ　自分にとって大好きな絵本なので、／女の子が絵本を楽しそうに読んでいる様子を見て、／嬉しく感じている。

エ　絵本の内容に合わせて変化する女の子の感情が表情に表れており、／そこから女の子が今絵本のどの場面を読んでいるのかを推測することに／楽しみを感じている。

176

オ　自分が内容を覚えている絵本を読んでいる女の子の表情を見て、／自分が持った感想と違った感想を女の子が持って読んでいることに気付き、／興味深く感じている。

選択肢「イ」は「一喜一憂」が△。本文には「一憂」の部分は読み取れないように思います。また、「目まぐるしい変化におかしさを感じている」は、本文からは読み取れませんね。

選択肢「エ」は、「推測すること」に楽しみを感じているわけではないので×。

選択肢「オ」も、「自分が持った感想と違った感想を女の子が持って読んでいることに気付き」の部分は書かれていません。

今回は明らかに間違いとも言い切れない選択肢「ア」「ウ」で迷います。かなり際どい選択肢ですから、もう一度比較してみましょう。

手順❹　答えが決まらない場合、最もマイナス点の少ない選択肢を正解として選ぶ。

ア　自分が熟読して内容を把握しているので、／女の子が絵本のどの部分を読んでどのような感情を抱いているのかが表情からわかり、／親しみを感じている。

ウ　自分にとって大好きな絵本なので、／女の子が絵本を楽しそうに読んでいる様子を見て、／女の子も自分と同じようにこの絵本を好きになったと思い、／嬉しく感じている。

選択肢「ア」の「親しみを感じている」の部分は、本文にははっきりと書かれていませんが、明らかに×とも言い切れないので、許容範囲として△。

一方、選択肢「ウ」の「女の子も自分と同じようにこの絵本を好きになったと思い」の部分は、改めて本文を見ると、74〜75行目に、

・「その絵本、好きなの？」
・「うん！」

とあることから、傍線部⑤よりも後で知ったことだとわかりますね。よって選択肢「ウ」は「アト」で×。

前にも書きましたが、選択肢問題は、複数の選択肢の中から「最も適当なもの」を選ぶ問題です。選択肢が〈予想解答〉にぴたりと合うときばかりではありません。**〈予想解答〉とぴったり同じでなくとも、許容範囲として認められる「言いかえの幅」を意識することが大切です。** 本文の言葉がそのまま使われていないからといってすぐに×をつけてしまうと、間違えることがあります。繰り返しになりますが、「言いかえの幅」に慣れ、言いかえに惑わされなくなることも、選択肢問題を解くための必要な力です。

【問六／解説】

傍線部⑥のときの雪音（ゆきね）の「態度」を問う問題ですが、これは雪音（ゆきね）の「気持ち」に近いので、《気持ち問題》として考えるのがわかりやすいでしょう。傍線部⑥「そうかあー」自体に難しい言葉はありませんから手順❶は省略し、手順❷から考えてみます。

手順❷　本文をもとに、〈予想解答〉を作る。

まず、雪音（ゆきね）の言動から「気持ち」を読み取ります。雪音（ゆきね）は、女の子がすうちゃん（＝女の子のおばにあたる人物）にこんのぬいぐるみを作ってもらったことに対して、

・「すごいね」（83行目）

と驚いていますから、〈こんのぬいぐるみを作ってもらったことに驚いている〉などと表せます。そしてその理由は、

・ぬいぐるみなんて作ったことない。手芸は好きな方だが、すぐに飽（あ）きてしまうのだが、何日もかかると放り出す。ぬいぐるみを一日で作る勇気というか、腕（うで）はまだない。（87～88行目）

とあるように、〈自分はぬいぐるみを作ったことがなく、作れそうもないから〉などが考えられます。したがってこれらを「理由＋気持ち」で表すと、〈自分はぬいぐるみを作ったことがなく、作れそうもないから、こんのぬいぐる

みを作ってもらったことに驚いている〉となります。

また雪音（ゆきね）は、ぬいぐるみのコンコちゃんが、すうちゃんの作ってくれたワンピースを着ていることを聞き、

・「そうかあー」（86行目）

と、女の子に対して好意的に受け答えをしています。雪音（ゆきね）の様子を映像化してイメージしましょう。この「そうかあー」は、「いいね」「よかったね」という意味で使われていますから、〈こんが大好きで、こんのぬいぐるみのことを楽しげに話す女の子をほほえましく思っている〉という気持ちも読み取れますね。

これらのことをふまえると、〈予想解答〉としてはおおよそ、〈自分はぬいぐるみを作ったことがなく、作れそうもないから、女の子がこんのぬいぐるみを作ってもらったことに驚き、また、こんが大好きで、こんのぬいぐるみのことを楽しげに話す女の子をほほえましく思っている〉などが考えられそうです。

手順❸ 「消去法」を使いながら、〈予想解答〉に最も近い選択肢を「積極法」によって選ぶ。

手順❹ 答えが決まらない場合、最もマイナス点の少ない選択肢を正解として選ぶ。

ア　自分はぬいぐるみなど作れるだろうかと／自分のことだけ<u>考えており</u>、／女の子の話に
×チガ　　×ナシ
うわのそらで生返事をしている。

イ　コンコちゃんと絵本のこんの格好の違い（ちが）を考え、／コンコちゃんの性別に気付いた感動を込めて返事をしている。
　　　　　　　　　　　　×ナシ

180

ウ　コンコちゃんが手作りのぬいぐるみであることへの感嘆を込め、／想像力を働かせながら／女の子の話に楽しく対応している。

エ　コンコちゃんが絵本のこんに手を加えた独自のものだとわかり、／そのようなものを作る決断力のない自分を／反省している。

オ　自分にはぬいぐるみを手作りすることなど到底できないと思い、／コンコちゃんを手作りした人物に／尊敬の念を抱いている。

選択肢「ウ」と「オ」で迷うところです。ただ、選択肢「ウ」の「想像力を働かせながら」は、〈予想解答〉には

ありませんが、本文の、

・「うちのコンコちゃんは女の子なの。すうちゃん、ワンピース作ってくれた」
こんはかわいいオーバーオールを着ていたはずだ。（84〜85行目）

のあたりを言っているのでしょう。女の子のぬいぐるみのコンコちゃんがワンピースを着ていると聞かされたことに対し、絵本『こんとあき』のこんはオーバーオールを着ていたことを思い出しているのですね。したがって、「ウ」の「想像力を働かせながら」は正しいとわかります。選択肢「オ」の「尊敬の念」は、やや言い過ぎでしょう。よって正解は「ウ」となります。

【解答／問六】　ウ

手順❶　《傍線部のルール》により、傍線部を正しく理解する。

傍線部のルール❷　傍線部はいくつかの部分に分けて考える　で傍線部を分けてみると、次のようになります。

（1）激辛カレーに／（2）思わず吹き出す

まず考えたいのは（1）「激辛カレーに」の「に」ですが、これはわかりやすく言えば、「〜という言葉を聞いて」という意味を一語で表したものですね。したがって、傍線部⑦をわかりやすく言いかえると、次にようになります。

（1）激辛カレーという言葉を聞いて／（2）思わず吹き出す

手順❷　本文をもとに、《予想解答》を作る。

では、雪音はなぜ「激辛カレーという言葉を聞いて、思わず吹き出」したのでしょうか。

「吹き出す」というのは、「面白くて吹き出す」という意味ですから、ひとまず〈面白かったから〉という理由が考えられます。これは傍線部の二行前に、

182

・コンコちゃんの日常の物語を語る女の子の身振り手振りが面白く、何度も笑ってしまう。（97行目）

とあることからも、雪音が女の子の話を面白く感じていたことがわかります。

では、雪音はどんなことが面白くて吹き出したのでしょうか。本文の次のあたりから読み取れそうです。

・「おあげはあまり好きじゃないの……」
それは、コンコちゃんじゃなくて自分が、ということだな。（95〜96行目）

・「コンコちゃんの夢は、激辛カレーを食べることと、図書館にお泊りをしていっぱい本を読むことです」（98行目）

・「でも、両方ともママがダメというのでできません」

そりゃカレーはダメだろう。（101〜102行目）

これらの部分から、女の子はコンコちゃんの夢と自分の夢を一緒にしてしまっており、実は女の子自身の夢なのだということがわかります。したがって雪音は、激辛カレーを食べることが夢だと語る女の子の突拍子もなさが面白くて思わず吹き出してしまったのですね。ちなみに102行目の「そりゃカレーはダメだろう」というのは、「小さな女の子が激辛カレーを食べるのはもちろんママが許さないだろう」という意味でしょう。

これらのことから、「激辛カレーという言葉を聞いて思わず吹き出」した理由としては、〈コンコちゃんの夢と自分の夢を一緒にしてしまい、激辛カレーを食べることが夢だと語る女の子の突拍子もなさを面白く感じたから〉などと考えられるのではないでしょうか。これが〈予想解答〉になります。

ア 今までの穏やかな会話に不釣り合いな激辛カレーという過激な単語を聞き、／女の子の新たな一面を知って／△
驚いたから。△

イ 激辛カレーを食べるというコンコちゃんの夢に／自分自身の夢を重ねている女の子の純粋さを、／おかしく思△
ったから。

ウ 激辛カレーを食べられるかどうかが大人の証であるととらえている女の子の健気な考えを、／かわいらしく思×ナシ
ったから。

エ ぬいぐるみのコンコちゃんが／四苦八苦しながら激辛カレーを食べている光景を思い浮かべて、／面白く思っ×チガ ×ナシ
たから。

オ 幼いとはいえ、／ぬいぐるみが激辛カレーを食べるということを信じて疑わない女の子に対して／×チガ ×ナシ
衝撃を受けたから。

選択肢「ア」は「激辛カレーという過激な単語」や「驚いたから」が×に近い△。
選択肢「エ」は、激辛カレーを食べることは女の子の夢だということが読み取れていないと間違えてしまうかもしれません。したがって「ぬいぐるみのコンコちゃんが」という主語が×。「女の子が」であれば間違いではありませんが。
選択肢「イ」の「純粋さ」は△ですが、他の選択肢と比べると、選択肢「イ」が正解として最も適当だと考えられます。よって正解は「イ」。

184

【問八／解説】

最後は《理由問題》です。これまでやってきたことを再確認しながらやっていきましょう。

手順❶　《傍線部のルール》により、傍線部を正しく理解する。

ここでは「すっきりしていた」とはどういうことかを考えましょう。

（傍線部のルール❸　傍線部内の指示語・比喩・わかりにくい表現は具体化して言いかえる）

傍線部⑧のシーンは、図書館の企画について悩んでいた雪音がようやく企画書を書き終えたところです。それによって「すっきりしていた」というので、これは企画書を書き終えたという「達成感」や「清々しさ」という意味での「すっきりしていた」なのでしょう。したがって、

（傍線部のルール❺　傍線部内に省略された主語・述語・目的語を補う）

にも注意して傍線部⑧をわかりやすく言いかえてみると、次のようになることがわかりますね。

何だかすっきりしていた

↓

雪音は図書館の企画を書き終えた達成感と清々しさを感じていた

手順❷　本文をもとに、《予想解答》を作る。

では「雪音は図書館の企画を書き終えた達成感と清々しさを感じていた」ことの理由は何でしょうか。これは本文に、

・ああ、やっぱりおとまり会がいいな。

・オリジナリティはないけど、本当にやってほしいことなんだもの。あの図書館がやってくれたら、本当にうれしいことなんだもの。（119〜120行）

そしたら、あの女の子とコンコちゃんが来てくれて、とても喜ぶだろう。（116〜117行目）

喜んでくれるものだと思うと、やはり図書館の企画はおとまり会がいいと確信することができたから〉といった理由が考えられますね。

とあることから、〈予想解答〉として、〈おとまり会の企画は、自分が本当にやって欲しいことであり、また女の子も

手順❸ 「消去法」を使いながら、〈予想解答〉に最も近い選択肢を「積極法」によって選ぶ。

ア 女の子の持つぬいぐるみのコンコちゃんにまつわる話を聞いたことをきっかけに、╱ぬいぐるみおとまり会の必要性を改めて感じ、╱新しい図書館でそれをやってほしいという思いが明確になったから。 ×
ナシ

イ 女の子がコンコちゃんと一緒にぬいぐるみおとまり会に参加したいと思っていることを知り、╱たとえ認められなくても、╱女の子のためにそれを提案しようという覚悟を決めることができたから。 △

ウ 女の子も自分と同じようにぬいぐるみおとまり会をやりたいと思っていることを知り、╱この企画が自分の独りよがりなものではないということがわかり、╱このまま提案してよいのだと安心したから。 ×
ナシ
△

エ 絵本を読むことが大好きな女の子の話を聞き、╱絵本の重要性に気付いたことで、╱長時間考え続けていた企画をぬいぐるみおとまり会にすることをようやく決断できたことに╱達成感を覚えたから。

186

オ　女の子も雪音が考えていたぬいぐるみおとまり会と同様のものを夢見ていることを知り、／今まで抱えていた迷いが消えたから。

　また選択肢「エ」の「絵本の重要性に気付いた」ということも本文中にありませんでしたね。

　かなり際どい問題ですが、まず選択肢「ア」の「ぬいぐるみおとまり会の必要性」は本文に書かれていないので×。

　オ　女の子も雪音が考えていたぬいぐるみおとまり会と同様のものを夢見ていることを知り、／たとえ採用されなくとも自分が望むものを提案すればよいのだと気付き、／今まで抱えていた迷いが消えたから。

手順❹　答えが決まらない場合、最もマイナス点の少ない選択肢を正解として選ぶ。

　迷うのは選択肢「イ」「ウ」「オ」です。△がついたところを抜き出して比べてみましょう。

「イ」…（女の子が）ぬいぐるみおとまり会に参加したいと思っている△

「ウ」…（女の子も）ぬいぐるみおとまり会をやりたいと思っている△

「オ」…（女の子も）ぬいぐるみおとまり会と同様のものを夢見ている△

　さて、これらと対応する本文を探してみると、女の子がコンコちゃんの夢として自分の夢を雪音に語ったのは次のシーンだということがわかります。　特に太字部分ですね。

・「コンコちゃんの夢は、激辛カレーを食べることと、**図書館にお泊りをしていっぱい本を読むことです**」（98行目）

この部分から、女の子の夢は「図書館にお泊りをしていっぱい本を読むこと」だとわかります。すると、選択肢「イ」の「ぬいぐるみおとまり会に参加したい」や、選択肢「ウ」の「ぬいぐるみおとまり会をやりたい」は少し違うのがわかりますか。女の子はあくまで「図書館にお泊りをしていっぱい本を読むこと」を夢見ているのであって、「ぬいぐるみおとまり会」をやったり、それに参加したいと思っているわけではありませんね。一方、選択肢「オ」の「ぬいぐるみおとまり会と同様のものを夢見ている」は、女の子の夢を言いかえたものとして間違いとは言えません。したがって、選択肢「オ」が最も適当でしょう。

【解答／問八】 オ

◆著者プロフィール◆

若杉朋哉（わかすぎともや）

1975年、東京都生まれ。
埼玉県立浦和高等学校、慶應義塾大学文学部哲学科卒。
記述問題対策に特化した中学受験国語専門塾「若杉国語塾」代表。
趣味は俳句。

■主な著書■
『中学受験国語　記述問題の徹底攻略』
『中学受験国語　記述問題の徹底攻略　基礎演習編』
『中学受験国語　記述問題の徹底攻略　発展編』
『高校入試数学　すごくわかりやすい規則性の問題の徹底攻略』
（以上、エール出版社刊）

中学受験国語
選択肢問題の徹底攻略
改訂版

2021 年 6 月 5 日	初版第 1 刷発行	
2021 年 7 月 4 日	初版第 2 刷発行	
2022 年 4 月 15 日	初版第 3 刷発行	
2023 年 3 月 5 日	改訂版第 1 刷発行	
2024 年 9 月 18 日	改訂版第 2 刷発行	

著　者　若杉朋哉
編集人　清水智則　発行所　エール出版社
〒101-0052　東京都千代田区神田小川町 2-12　信愛ビル 4 F
電話　03(3291)0306　　FAX　03(3291)0310
メール　edit@yell-books.com

ISBN978-4-7539-3540-6

中学受験国語
記述問題の徹底攻略
改訂版

苦手な「記述問題」を何とかしたいあなたへ！
たった4つの記述パターンで書けるようになる！

本書の目的は、 中学受験国語の記述問題で、「何を書いたらいいのか」「どうやって書いたらいいのか」を理解し、解答をすらすら書けるようになることです。そのためにはまず、本書の〈第一章　記述問題の準備編〉と〈第二章　記述問題・パターン別の書き方〉を熟読してください。そしてその中に出てくる〈解答のルール〉と〈傍線部のルール〉、さらには「四つのパターン別の記述問題の書き方」を理解してください。ここまでを十分に身につけることが大切です。

第一章　記述問題の準備編
　　1　本文主義（答の手がかりは本文にあり）
　　2　短く分けて考える
　　3　解答のルール
　　4　傍線部のルール
第二章　記述問題・パターン別の書き方
　　記述パターン①　言いかえ問題
　　記述パターン②　理由問題
　　記述パターン③　まとめ問題
　　記述パターン④　気持ち問題
　　記述問題のＱ＆Ａ
第三章　練習問題編

ISBN978-4-7539-3538-3

若杉朋哉・著　　　　　　　　　　●本体 1500 円（税別）

中学受験国語の必須語彙
ドリル A 《基礎レベル》

中学受験で必要な「必須語彙」を完全網羅！

本書は基礎レベル（＝中学受験初級）です。

まずは最重要語彙である本書を完全マスターしましょう

① ことわざ・故事成語
② 慣用句
③ 四字熟語
④ 三字熟語
⑤ カタカナ語
⑥ その他

井上秀和・著　　　◎本体 1500 円（税別）　　　ISBN978-4-7539-3524-6

中学受験国語の必須語彙
ドリル BC 《標準〜ハイレベル》

中学受験で必要な「必須語彙」を完全網羅！

本書は標準・ハイレベル（＝中学受験中級から上級）です。

最難関上位校を目指す人は本書を完全マスターしましょう

① ことわざ・故事成語
② 慣用句
③ 四字熟語
④ 三字熟語
⑤ カタカナ語
⑥ その他

井上秀和・著　　　◎本体 1700 円（税別）　　　ISBN978-4-7539-3525-3

中学受験国語
文章読解の鉄則

受験国語の「文章読解メソッド」を完全網羅！

難関中学の合格を勝ち取るには、国語こそ「正しい戦略」が不可欠です

国語の学習法を劇的に変える「究極の一冊」

第１章　中学受験の国語の現状
第２章　「読み方」の鉄則
第３章　「解き方」の鉄則
第４章　「鉄則」で難関校の入試問題を解く
第５章　中学受験　知らないと差がつく重要語句

井上秀和・著　　　　　◎本体 1600 円（税別）　　ISBN978-4-7539-3323-5

中学受験国語の必須語彙 2800

ベストセラー『中学受験国語 文章読解の鉄則』の著者が放つ待望の第二弾！

文章読解のために欠かせない語彙が、すべて問題付きでスラスラと頭に入る！

重要度も A・B・C ランク分けで効率的に学習できる。中学受験国語学習のために絶対そばに置きたい 1 冊。

ISBN978-4-7539-3506-2

井上秀和・著　　　　　　　　　　　　◎本体 2000 円（税別）